壮大なる我が天の川銀河系の超策謀！

藤本昇士
FUJIMOTO Shoji

ロズウェルUFO墜落事件に伴うET文書
『エイリアン・インタビュー』を通して真相を暴く！
『ラー文書』のラーは、
全人類に大嘘をついている架空のルシファー
日本民族と世界の人類は、まもなく根絶やしにされる！

文芸社

―序―

この書のタイトルは、『壮大なる我が天の川銀河系の超策謀！』である。

その名が示す通り、かなり壮大な陰謀論書である。

陰謀の仕掛け人は一体誰なのか？　地球の人間なのか？　それとも、地球外知的生命体の肉体を持った異星人なのか？　我々にとって常識的に考えれば、そのいずれかとなるに違いない。

しかし、本書は『銀河系の～』とした。

銀河系となるとあまりにも広大だ。

銀河系の中には、地球のような惑星が四〇〇〇億個はあるといわれている。それからするならば、小さな地球は四〇〇〇億分の一にすぎないというのに……。では一体なぜ、銀河系でなければならないのか？　……ここに〝超策謀！〟とする陰謀が仕掛けられているのである。

結論を先に言おう！　その正体なる者……それは、地球の人間ではない。肉体を持った地球外知的生命体でもない。なんとそれは、肉体からすでに脱皮している「エンティティ」なのである。すなわち、肉体のない〝意識体〟だけの存在であるのだ！　ただし、我々生物的肉体を持った者たちの眼前に現れる時は、ある物体の中に入って出現する。そしてそこから去る時は、いずれかへと消え去っていく。

地球人の前に現れた時は、テレパシー交信を通してコンタクトを図る。とはいえ、その交信内容は、得てして彼らの一方的命令系統にすぎないのであるが……。

その彼らは、常に地球を監視し、地球上で歴史的に重大な出来事に遭遇した際は、必ずその都度介入してきた。彼らの意向に沿って歴史はつくられていくのだ。我々地球人類からすれば、まさに驚天動地である。我々地球人類の視点から見るならば、絶対にそんなことはありえないはずなのに。

そう……だからそこに〝超策謀〟が隠されているのだ。その策謀を、策謀として気付いた時、それは現実、真実となって我々の意識の中に刻み込まれていく。

……我々人類が以上のことを洞察した以上は、これから先も指を銜《くわ》えて見過ごすわけにはいかない。これからその実態を徹底解明していくことで、彼らエンティティの実態を白日の下に晒さなければならない。後述することになるが、時は目前に迫っているのだ。

そこで、比定すべく前代未聞ともいうべき書が筆者の手元にある。

それは、ロズウェルＵＦＯ墜落事件に伴うＥＴ文書としてひそかに知られているものだ。

その概要について、以下記させていただく。

二〇〇八年、アメリカにおいて地球史上驚愕すべき、ある一冊の本が出版された。その表題は、『ALIEN INTERVIEW（エイリアン・インタビュー）』である。（巻末の参考資料参照）

時期《とき》は、一九四七年七月七日。場所、アメリカ・ニューメキシコ州ロズウェルの近くにある農場で、一機の「空飛ぶ円盤」が墜落した。墜落原因は、乗組員（地球外生命体・以下ETと表記）の宇宙船が、突如雷に打たれて操縦コントロールを失ったためである。ETは全部で三体。うち二体は即死。残り一体は、無傷の状態でアメリカ合衆国陸軍航空部隊によって捕獲された。「空飛ぶ円盤」の回収は、ロズウェル陸軍飛行場に所属する第五〇九爆撃大隊の兵員によってであった。

各メディアは即座に反応し、過熱報道を巻き起こした。しかしながら、墜落当日の後刻に、空軍総司令官が「最初に残骸の回収に関わった空軍少佐は、ボロボロの気象観測気球の断片を回収しただけだった」と、米国民を欺き、撹乱作戦に巻き込むためのプロパガンダを仕掛けたのである。事件の真相はその時以来、アメリカ合衆国政府によって今日まで固く隠蔽されたままにある。

唯一生存した一体のＥＴは、墜落現場に赴いた士官と唯一の女性看護師（マチルダ・オードネル・マックエルロイ、以下**マチルダ**と表記・当時二三歳、ＥＴのチャネラー）と共に米軍基地内へと連行された。そして、厳戒態勢の中、上級軍人らの監視の下、マジックミラー仕掛けの取調室でＥＴ（以下**ＥＴエアル**と表記）とマチルダとのテレパシーによるエイリアン・インタビューが始まったのである。

一九四七年七月九日から同年八月初旬まで、そのインタビューは続けられた。そして、彼女が終生にわたり隠し続けた諸々の記録文書のコピーと彼女が直筆した手紙は、ある第三者を通して世に出版される運びと相成ったのである。その第三者（編集者）の名前は、ローレンス・Ｒ・スペンサー（以下**ローレンス**と表記）である。彼はマチルダの一連の文書などを二〇〇七年九月一四日に、小包郵便物として受け取っている。しかしながら、彼の彼女との直談の希望は、叶わなかった。

なぜなら、マチルダは、彼に送った小包便到着日の数カ月後に自らの命を絶ってしまったからである。享年八三歳。翌年二〇〇八年に、アメリカでローレンスの編集によって『エイリアン・インタビュー』（以下「**ＥＴ文書**」と表記）は出版された。日本での発刊は二〇一五年である。

その趣意が、エンティティの存在と地球人類に対する歴史的タイムラインの闇の介入である。

そしてもう一つ。実は「一なる創造主」なるものは、人類に対する創作された欺瞞的計略であって、真実は「我々一人ひとりが創造主」であるということを誠実さをもって理路整然と語っている。それが、**ETエアル**という、これも意識体のみで行動している存在（この存在も、物質宇宙で行動する時は物体の中に入って行動している）である。

この創作された「一なる創造主」の背後に、なんと闇の存在が見え隠れしており、我々の地球史に介入していたのである。しかも何百万年前もの超古代から……。ETエアルは、その存在を「**旧帝国**」と称している。

以上のような概要から、「旧帝国」と「ET文書」とを比定し、解析して暴き出したものが本書である。

必ずや読者諸氏は、驚かれるに違いない。しかし、真実は真実、真理は真理として捉えていただければ本懐である。

世には陰謀書なるもの山ほどあれど、その次元はことごとく地表の出来事の陰謀論書として終始している。しかし、どの位置に視点を添えるかによって俯瞰する概観も一変してくるものだ。これより皆さんを、我が天の川銀河系の天頂にお連れする。その展望台から下界の動向を眺望していただきたい。

その前に、今回筆者がこの書を世に上梓した最大の根拠となる理由を以下記しておきたい。

それは、エアルら（以下**ドメイン軍**、または**ドメイン遠征軍**と表記）と筆者とのシンクロによるものである。

―筆者の第三の目（サード・アイ）の開眼―

筆者の第三の目が開眼したのは、現在（二〇二〇年）から二七年前（一九九三年）のことである。当時沖縄にて、初体験としての集団瞑想会に参加した時にその現象は起こった。瞑想開始から三〇分ほど経過した時であろうか、眉間部の内部からバリバリバリという音が突然聞こえ始めたが、それは一瞬のことであった。苦痛を感じることは一切なかった。それがきっかけで、あの眩しい光線の太陽を、瞬き一つすることなく直視できるようになった。太陽直視を三〇分試みた時もある。それのみならず、その太陽エネルギーが体中くまなく、かつ爽快な気分で流入してきたのである。

眉間中央部を表面から指で押さえると凹状をなす。つまり、皆さんご周知の「松果体の

松ぼっくり」がなんらかの反応を示していたのだ。だからといって特段、諸々の超能力が得られたわけではない。

あえて言うなら、霊的洞察力がかなり鋭敏になった、ということか……。この現象を示す明らかな根拠として、冒頭にご紹介した「ＥＴ文書」のページ一二七の中段には次のことが記されていたのだ。

「**シュメールの石の彫刻には翼を持った存在たちが松ぼっくりの形をした機材を使って、人間の体をスキャンしているのが示されている。**」

つまりこれが示唆しているものは、松ぼっくりの機材を使って眉間部付近にそれを当てた（スキャンした）時に、被験者の第三の目（松果体の松ぼっくり）が機材に反応するかどうかを、翼を持った存在たちがチェックしているという情景である。

ドメイン遠征軍は今から約八二〇〇年前に、地球上でのある調査目的のためにヒマラヤ山脈に宇宙船で降り立ち、地上近くの地下に自分たちの基地を築いた。しかし、闇「旧帝国」の勢力によって、ドメイン遠征軍が地球外へと二度と脱出できないように、目に見えない広域に配備されたバリアー・テクノロジーによって地球に閉じ込められてしまったのだ。それ以来、ドメイン遠征軍は地球生物の体を持ちながら延々と輪廻転生を強いられており、過去の一切の記憶を完全に抹消され、それと引き換えに偽りの情報を置換されたままの状態で、今日もなお生き続けているというわけである。

その時のドメイン遠征軍一個大隊の数は三〇〇〇名。その直後、同胞のドメイン救助隊はただちに彼らの救助探索に当たったが、その救助隊もまた、旧帝国の罠に捕らえられてしまったということである。よって、彼らは今なお地球人として、肉体の中で棲息し続けている。

幸いにも、現時点において、彼らの居場所は松ぼっくりのテクノロジーなどによって全員が特定されている。たとえ肉体のない魂だけの存在であっても、同様に確認されているのである。
※参考までに、宇宙全体の概観について以下記しておきたい。

・宇宙の中の「銀河」の数は、二〇〇兆個である――元地球圏外活動家の科学者、故ウィリアム・トムキンズの主張。
・我々の天の川銀河系には、四〇〇〇億個（あるいはそれ以上とも）の星があるとする。
・我々の銀河系と太陽系の大きさを比較すれば、銀河系を直径七〇キロメートルとすると、太陽系の大きさは一ミリであり、地球は肉眼では見てとれない。

・我が銀河系中の恒星は、二〇〇〇億個。
・地球から太陽までの距離は、約一億五〇〇〇万キロメートル。
・地球から月までの距離は約三八万キロメートル。
・太陽系（地球も含む）は、銀河系の中心から二万五〇〇〇光年程度の位置。

……我が地球なるものがいかにナノ（一〇億分の一）分子にも満たない極微な存在であるかは、これで一目瞭然であろう。

さて、本論に入る前に、これからの骨子について説明しておきたい。

先述したように、このＵＦＯに乗船していたＥＴは、我々が今日言うところのグレイである。だがしかし、このグレイは実は二種類からなっていたわけだ。三体のうち二体については、皆さんが一般的に認知している「**生体ロボット**」としてのグレイである。そして残りのもう一体が、**生体ロボットではない**唯一生き残った**グレイ**（**ＥＴエアル**）だったのだ。しかし、スピリチュアル界の世界的著名人として活躍している活動家らは、「グレイはすべて生体ロボットである！」という生体ロボットでない方を一蹴した思い込みをしている。実を言うと、ここが最大の致命的な盲点を今なおつくりだし、よってその見当違いを世界中に流布しているのだ。

生き残った一体が、もし他の死んだ二体同様「生体ロボット」だったとしたならば、事件後七〇年間もその事実を隠蔽する必要性など殊更なかった。そこに、隠された大きな罠仕掛けがある。

※筆者注：皆さんが思っている悪いグレイは、地球製グレイであって、ハリウッド映画では人をさらったり牛の内臓を抜いたりする、人類とは敵対したETとして流布しているが、それは洗脳プロパガンダの一環である。外見上は本物のグレイと瓜二つに造られている。

従って、スピリチュアリストらは、「ET文書」という本の存在を紹介されていながらも、「奴らは生体ロボットだから我々は本を読むに値しない」として無視し続けている。なぜなら〝あるもの！〟に取り憑かれてしまっているからだ。

そのあるものが、後述する**『ラー文書』**（巻末の参考資料参照）**のラー**なるものにほかならない。

ことの真意は、ETエアル自らが語っている「**エアル**自身は生体ロボットではない（筆者注：死亡したグレイ二人は、下級位の生体ロボット）」ということ。

それはどういうことかというと、闇にとって〝ETエアルたちは生体ロボットのグレイではない〟という真実が露呈してしまっては非常に都合が悪いということだ。これはエアルのインタビュー内容である「ET文書」を、一般大衆側が真実の書として世間に流布してしまっては、過去数百万年間ひそかに構築してきた闇のトラップ（罠）・オペレーションが一気に瓦解してしまうことを意味している。

闇側にとってこれだけは絶対に許されることではないし、あってはならないこと。なんとしてでも人類に対し隠蔽しておかなければならない。そのためにも、スピリチュアリストたちの信念体系の中に、「エアルたちは、悪の生体ロボットである！」として洗脳させておかなければならない。

スピリチュアリストをはじめ、諸々の内部告発者（インサイダー）たちは、ある策謀にまんまと嵌まってしまった状態にある。その罠に嵌める首謀者が、肉体を持たない意識体のみの存在たちである。

いわゆる皆さんご存知の『**ラー文書**』の中に出てくる**ラー**という存在である。スピリチュアリストにとっては、『ラー文書』はバイブル中のバイブルであるだけに、彼らとしての信念体系は、この『ラー文書』に尽きるわけだ。従って、「ET文書」と『ラー文書』は水と油の関係であって、全くもって真逆である。「ET文書」を読めば事の相違と真意がはっきりと認識できるにもかかわらず、スピリチュアリストたちは全く眼中になく、今なお無視し続けている。彼ら活動家たちが崇拝している存在は、実は地球人類を洗脳し続けている欺瞞で固めた『ラー文書』の〝ラー〟なのであった。

そのラーは、一人の存在ではなく複合体として記述されている。

その複合体のラーの陰謀を、客観的見地に立って著した書が『**火星+エジプト文明の建造者「九神《ザ・ナイン》」との接触《コンタクト》**』（以下「九神」または「九人」と表記）である。（巻末の参考資料参照）

ラーは現在、「**スフィア・ビーイング・アライアンス**」として活動している。もちろんスフィア・ビーイング・アライアンスも、意識体として行動している。彼らは同根である。そしてまた、ETエアルが語る「**旧帝国**」も同一的存在である。ただし、当時のETエアルの説明によれば、「あなたたち（地球人）と容姿が似ている同じ肉体を持った存在」であるとしている。

そこで登場するのが、「**古代ビルダー人種**」と言われる、肉体を持って数十億年前から存在し、ある時期忽然《こつぜん》と消え去った超高度なテクノロジーを持った超知的生命体であるのだ。ややこしくなるので、以下にまとめることにしておく。

彼らの存在は、すべて同一的存在と見てよい。なぜなら、その時代時代に即した銀河系内で頂点となって暗躍した存在にほかならないからである。当時の古代ビルダー人種は肉体を持って活動しており、その後、超テクノロジーの開発によって意識体へと変貌した存在たちである。

《まとめ》
「旧帝国」＝古代ビルダー人種＝『ラー文書』のラー＝現在のスフィア・ビーイング・アライアンス

……以上のような同一的存在としての構図が出来上がる。なお、**九神**はラーたちのことを指しており、「**九人**」存在している。ラーとスフィア・ビーイング・アライアンスは同一的存在なので、スフィア・ビーイング・アライアンスにおいても「九人」いることになる。現時点において、インサイダーの一人として地球外で活動している活動家は、地球外のある地点に瞬時に移動させられた時、スフィア・ビーイング・アライアンスと眼前で会ってテレパシー交信する際にこれまでに五種族を確認している、とインタビューで答えている。

さて、なんと言っても特筆すべき書は「ET文書」である。もしこの書に多くの人類が目を通すならば、闇らは身も蓋もなくなってしまう。そして自らの命運さえ土台から瓦解してしまう恐れがあり、過去数百万年間、あるいはそれ以上に自分らが仕掛けてきた陰謀や謀略などがことごとく崩壊する。そして人類はその事実、真実、さらには真理に対して完全に覚醒してしまうことになる。

この人類の覚醒だけは、闇側にとって絶対に許されざることである。

『ラー文書』のラーなる者は、すでに肉体を卒業している。我が銀河系におけるより高度な文明的進展は、中心部から徐々に外縁部へと進化していったといわれる。

彼らは、我が銀河史において少なくとも二〇億年以上も前からセントラル文明なるものを築いていたようだ。我々の地球は、銀河系の「最も外縁部にある星」の極微の惑星にすぎず、最もレベルの低い霊的未熟児として生存する人類の集合的生物体からなる惑星である。

渦巻き現象は、中心部が最も回転が速く、外縁になるにつれて回転速度は遅くなる。回転速度が遅いということは、それだけ野蛮な世界になることを意味している。

約二〇億年より遥か前は、ラーたちは地球の地下世界（インナーアース）でも生活していたようである。その頃の種族名を「古代ビルダー人種」と今日称されている。その彼らは、当時においてもすでに超テクノロジーを構築しており、我が太陽系の諸方の領域において巨大な宇宙船をはじめとする種々の高度なテクノロジーの遺跡や痕跡を今も遺している。現在彼らの巨大宇宙船は、南極地下基地においてすでに発掘されており、その宇宙船からは未だになんらかの摩訶不思議なエネルギーが発せられていることが、南極調査団によって確認されている。

当時も今も、彼らは天の川銀河においての最高峰の権力と統治支配権、そして各種のマインド・コントロール装置で人類を束縛、洗脳し、この惑星地球の中にがんじがらめにして閉じ込めている。実はそれが最大の問題なのだ。同じ銀河系内の肉体を持った他の高度な知的生命体であっても、ラーには一切逆らえない。なぜなら、ラーはすでに肉体から脱皮した崇高なる存在であるからだ。構築しているテクノロジーの次元が全く違うし、命はもちろん永遠である。本論で明らかにするが、ＥＴエアルたちとは本質的に異なる非常に相反する側面を持っている。

実はラーは、欺瞞と感情レベルで銀河系中の知的生命体を、悪意をもってある一定方向へと陽動していることが明白になってくる。

『**ラー文書**』を信奉するスピリチュアリストらが「ＥＴ文書」を決して読もうとしないのは、ラーの策謀に嵌まり込み過ぎて、「ロズウェル墜落事件のＥＴらは〝生体ロボット〟であった」と確固たる思い込みを抱いてしまったところに、致命的な信念体系を築き上げてしまっているからだ。

我が天の川銀河系の最大で強力なボス的存在である**ラー**（スフィア・ビーイング・アライアンス）に対して抵抗を試みるものは、どの惑星のヒューマノイドも存在しない。自分らが好きなように支配し、統治し、そして監視態勢を常時敷いているのだ。（筆者注：支配・統治・監視は、ルシファーなるものとまったく同じようだ）

それでは一体どういったところに、彼らの欺瞞的行為があるのか？ それを本論で明確に解析していきたい。

目次

【第一章】『エイリアン・インタビュー』のＥＴは、我々に何を訴えたいのか

※筆者注：以下の文章のうち太字で記されたものは（　）内を除き、「ＥＴ文書」によるＥＴエアルのインタビュー内容である。

（1）ＥＴエアルとは一体何者か

ＥＴエアルは、肉体を持っていない意識体のみの存在である。ただし、ヒューマノイドの眼前に現れる時は、「ドールボディ」という、外見的には皆さんが知っているグレイという物質的存在となって現れる。その彼らは、公然と認知されている生体ロボットではない。皆さんが認知しているそれは、本物という実態を隠蔽するための悪の偽地球製ロボットである。決してだまされてはならない。彼ら真のグレイは生体ロボットではないし、極めて善良なるグレイであるのだ。

ＥＴエアルは、ドメイン遠征軍の士官であり、パイロットであり、エンジニアである。

エアルらの歴史はかなり古く、約八〇兆年前にはすでに宇宙を旅行するテクノロジーを開発しており、宇宙のこの領域（我が太陽系）を調査していた、とETエアルは語っている。

そこで、ETエアルたちドメイン軍の特徴を、チャネラーである看護師の証言に基づいて以下記す。

・身長一二〇センチメートル　・両手足の指各三本　・会話できる口はなかった。
・命は永遠、ただしドール（人形）という物質的メンテナンスは必要。
・生理的観点から無性であり、内・外部の生殖器官はない。
・体は「ドール」または「ロボット」に、より近いものだった。
・内部の「臓器」はなかった。
・生物的な細胞で構成されてはいなかった。
・体の至る所に張り巡らされた一種の「回路」系、または電気的神経系があった。
・細い腕、足、胴体に比べて、頭は不均衡に大きかった。
・頭には機能する「鼻」「口」または「耳」はなかった。
・食物を摂取する必要がないため、口が欠如していた。

・目がとても大きく、目のレンズはとても暗くて不透明であった。
・体は酸素、食物、または水や他のあらゆる外部からの栄養分やエネルギーを必要としなかった。
・自分自身の「エネルギー」を供給し、それがその体を動かし操作するという非常に簡素な体だった。
・ロボットのような機械ではない、また生物的でもない、ということをエアル自身が説明した。
・それはスピリチュアルな存在としてのエアルによって直接動かされていた。
・エアルの「ドールボディ」は、細胞やその他の諸々の生物的な生命体ではなかった。
・体は灰色の滑らかな肌、または覆いがあった。
・体は温度、大気の状態と気圧の変化に対して高い耐性があった。
・手足は非常に虚弱で、筋肉組織はなかった。
・宇宙には重力がないため、非常に小さな筋力しか必要とされていない。
・体は、ほぼ、宇宙船の中、低重力、または無重力環境の中で使われていた。
・地球は重い重力を持っているため、その体は、あまりうまく歩き回ることができなかった。なぜなら、その足はその目的にはあまり向いていなかったから。

・しかしながら、手と足はとても柔軟性があり、敏捷だった。

※筆者注：エアルたち全員が、「第三の目」が開眼していることを補足しておきたい。

……以上が、ＥＴエアルの特徴であり、単なる生体ロボットではないことを認識していただきたい。

（２）エアルが語る、私たち地球人類は一体何者か

まず物質宇宙の誕生からは、恐らく少なくとも四〇〇〇兆年は経っているとエアルは語る。

そこで、一体私たちは何者か？　についてである。この〝私たち〟が意味するところは、「感覚のある生きとし生けるすべて」を指している。

エアルは、感覚のあるすべてを〝ＩＳ－ＢＥ〟という独自の造語を使って以下説明している。

①人間を含めすべての感覚ある存在たちは、「不死のスピリチュアルな存在」である。
②不死の存在の第一の性質として、時間のない「ＩＳ（存在する）」という状態の中で生きる。
③我々が存在する唯一の理由は、「ＢＥ（そうなる）」ということを決めるからである。

①について
「不死のスピリチュアルな存在」は、いわゆる**魂**のことを意味する。

生きとし生けるすべての感覚をもった存在たちは、すべてが**魂**そのものであるということだ。

②について
時間のないという解釈は、要するに未だ時間の存在しない、すなわち、物質的な物理的なもの一切合切が創造される以前から、時間というものが存在していない世界であるということ。
従って、ＩＳ（**存在する**）という存在自体が、物理的な宇宙の時間の前にすでに存在していたのである。よって、始まりもなければ終わりもないということになる。この②と次にくる③は、我々人類にとって最も重要なことである。

聖書にはこう記されている。「始まりがあり、終わりがある。アルファであり、オメガである」と……。また、「初め、一なる創造主が存在し、創造主はすべての物質を創り給うた」と……。

数多の銀河系から、浜辺の砂粒ほどの数え切れない多くの恒星・惑星・星などを一なる創造主が創ったのだと人類に諭している。これは全くの欺瞞であり、地球史上最初に仕掛けられた最大の罠である。全地球史において、一なる創造主という、意図的に洗脳された嘘の概念から今もって人類は全く脱し得ていない。真実は、時間という物質的・物理的概念が存在しない時から「ＩＳ（**存在する**）」は存在し、そしてその状態の中で永遠に生き続けているのだ。

従って、「一なる創造主」という概念・観念は、人類を洗脳するための創作物にすぎず、「**我々一人ひとりのＩＳ‐ＢＥこそが創造主**」であることを隠蔽するために仕掛けられている地球史上最大のトラップなのである。

第一、一なる創造主なんて、あまりにも漠然とし過ぎているとは思わないだろうか？我が天の川銀河系のすべてのヒューマノイドが、この最大の欺瞞に今なお洗脳されているのだからどう考えてもおかしなものである。**真理**というものは、何一つとして漠然としたものはないはずなのだが……。

③について

②のような状況「ＩＳ（存在する）」にあって、我々が存在する唯一の理由は「ＢＥ（そうなる）」ということを決定するからだ、とエアルは説明している。ＢＥという決断・意思決定によってＩＳ、すなわち「ＩＳ－ＢＥ」として永遠に生き続けることになる。

ＥＴエアルは、「旧帝国」が〝全能なＩＳ－ＢＥは唯一人〟として変造したことを語っている。

（３）各惑星から地球へと、ゴミ捨て場に流されてきたＩＳ－ＢＥの分類

「地球の人類は、地球で誕生し進化した者は一人もいない。全人類は、それぞれの自分の出身惑星を持ち、そこから遥か遠くの地球へと流されてきた」

地球に流されてきたＩＳ－ＢＥたちは、アンタッチャブル（カースト制の最下層民）として以下のように区分されるという。要約しよう。

①多種多様な政治犯

・非従順な「自由な発想」をもった者

・「旧帝国」の中のさまざまな惑星で政府に問題を起こす「革命家たち」と見なされたＩ

S－BE

・「旧帝国」に対して過去に軍事行動を起こした記録のある者

②芸術家など

・画家・歌手・音楽家・作家・役者とあらゆる種類の上演者たち

・インテリ・発明家・あらゆる分野の天才たち

・従順ロボットのような市民の社会の中で、もはや必要とされない腕の立つマネージャー

このように、彼らがいかなる理由をもって地球へと流されてきたにせよ、それを実行する闇側に大きな問題を抱えていると言えよう。まさに悪魔の所業以外の何ものでもない。もし仮に、闇らに誠実で高尚な精神が備わっていたとするならば、そのような悪魔的所業をやるだろうか？　否、絶対にそれはありえない。彼らこそ、我が銀河系の頂点に君臨する**悪魔的存在**であり、彼らが人類に対する洗脳プロパガンダの一環として創作した**ルシファー**でもあるのだ！（ルシファーについては後述）

闇は単純に、そういうヒューマノイドが気に入らないだけの話である。何の根拠も一切ない。ただ単に、それは遊戯であったり退屈凌ぎであったりする全統治支配者としてのあるまじき快楽・道楽にすぎないのだ。本来のIS－BEは、そういう属性をもっているこ

とをエアルは語っている。以下要約。

—各惑星から連れて来られた地球のＩＳ－ＢＥの住民たちの種族の違い—

・多文化の根本的な相違
・多言語の複雑性の相違
・道徳律の相違
・多くの宗教的観念の相違
・異常なほどの政治的影響力の違い

我が地球上において、言語や文化、道徳・倫理、そして宗教がこれほどまでに根本的に異なるのも、それぞれの惑星からゴミ捨て場へと流されてきているということで、理解できるのではないだろうか。そうでなければ、国家単位の言語の相違などを説明できるわけがない。参考までであるが、このそれぞれの他の惑星では言語は一つであり宗教も単一である、と聞く（例外もあるだろう）。

多くの言語などの相違点が、ＩＳ－ＢＥが他の惑星系から地球へと流されてきたという根拠になり得るのだ。その方が論理的に考えても辻褄が合うのではないだろうか。「原住民」として、もともと地球で誕生したのではない。ETエアルは以下語る。

ＩＳ－ＢＥたちは、この銀河系の至る所、隣接する銀河とシリウス、アルデバラン、プレアデス、オリオン、ドラコニスなどの無数の他の「旧帝国」中の惑星系からこの地球に捨てられた。

地球に閉じ込められたＩＳ－ＢＥが体から立ち去る（すなわち、死後の魂を意味する）時に、各電子監視システムは瞬時に起動しＩＳ－ＢＥを捕縛する。そして、永続的な記憶喪失状態を保つために強烈な電力（数十億ボルト）を使って記憶喪失にし、その上、偽の情報をそのＩＳ－ＢＥにすり込むことで嘘で洗脳する。長距離による電子思考統制メカニズムの使用により、さらなる人類に対する呪縛が確たるものになっていくわけである。

これらの基地は未だに機能しているので、ドメイン軍は現時点において攻撃、破壊するに至っていない。エアルの説明によれば、ドメイン軍が軍事力を行使する時期は、早くとも五〇〇〇年先のようだ。我々にとっては気の遠くなる歳月であるが、ドメイン軍にとっては近々であろう。

（４）生物的な体は、あらかじめ特定に設計され指定されている

旧帝国のカースト制の中では生物的な体は存在の最も低い地位になるように特定に設計され、指定されている。ＩＳ－ＢＥが地球に送られ、その後、生物的な体の中で機能するようにだまされたり、強要されたりした時、彼らは実際には牢獄の中の牢獄にいる。とＥＴエアルは語る。

エアルは、以下のようなさらなる具体的なヒエラルキーを説明しているが、五階層ある中での最下位レベルにあるのが生物的な体（本書ページ四一の**５**のこと）である。詳細は『エイリアン・インタビュー』ページ一四四・一四五をお読みいただくとして、以下、うち三項目を記載したい。

私が言及したように、「旧帝国」とドメインの間で、すべてのＩＳ－ＢＥたちのためのとても厳格に管理され、固定された階級制度があり、それは以下の通りである。

１）割愛
２）割愛

3）これらの下にあるのは「ドールボディ」階級であり、それに私は属している。ほとんどすべての宇宙士官と宇宙船の乗組員は、銀河間の宇宙を移動することを必要とされている。そのため彼らは全員軽量で、耐久性のある素材で製造された体を身につけている。特化した機能を容易にするためにさまざまなタイプの体がデザインされている。

以下割愛。

4）これらの下にあるのが兵士階級である。兵士たちは想像できるあらゆる敵を感知し、それと戦い、制圧するための無数の武器と特化した兵器を装備している。いくつかの兵士たちは機械的な体を配備されている。ほとんどの兵士たちは単に遠隔操作されたロボットであり、階級は指定されていない。

※筆者注：ここで極めて重要なことは、地球製のグレイは（右の4）兵士階級に似せて精緻に造られていることだ。なぜなら、闇にとっての最大の敵はグレイであるのだから。ETエアルが殺されたのが一九四七年であり、地球製グレイが現れたのが一九五〇年代からである。ハイレベルのテクノロジーを持つETエアルの複製を完璧に造ることは不可能である。従って、地球製グレイは外見をETエアルに似せて造り、闇の宿敵グレイを地球上の最大の敵として世界に流布しているのだ。人類の中に、本物

のグレイは〝善〟であると思うものは誰一人いないだろう。地球上は、すべてが洗脳プロパガンダで仕組まれているからだ。

５）下の方の階級は、「肉体」に制限されている。もちろん明らかな理由のために、これらは宇宙の間を移動することは不可能である。根本的に、肉体は重力、極端な温度差、放射能に対する露出、大気の中の化学物質と宇宙の真空というストレスに耐えるにはあまりにも脆弱である。ドールボディは必要としていないが肉体が必要としている食料、排便、睡眠、大気の構成要素と気圧といった明らかな物流上の不便さもある。

……現実的問題として、人類が生物的な体を持って存在している以上は、今の我々にはどうすることもできない。しかし、肉体を持っていても「**私はＩＳ‐ＢＥであり、創造主であり、そして不死のスピリチュアルな存在である**」という認識をもって生きていくことはとても重要なことである。

……このことを信じて（理解して）ほしいなどとは、筆者は一切思っていない。土台無理なのだ。物質オンリーの科学者らは、活用している脳の少なくとも九五パーセント前後はジャンクとして一蹴しているからだ。

（5）皆さんは、ドメインの貴重な市民かもしれない

失われた大隊のメンバーたちと地球の他の多くのＩＳ－ＢＥたちは、もしかしたらドメインの貴重な市民かもしれない。それには犯罪者や変質者は含まれない。

皆さんの中に我々と同様な波動周波数をお持ちの方々がおられ、かつ、共鳴されているのであれば、あなたも我々の一員として将来的に奉仕活動に専念していくことが可能となる。失われたドメイン大隊の三〇〇〇人の中には、あるいは大勢の日本人がいるかもしれないのだ。「**共振共鳴の波動の法則**」に基づいた、一人でも多くの日本民族が現れることを陰ながら待望している。

最も重要なことは、ドメイン軍たちと直感的に自己の波動が共鳴するかどうかの、その一点に尽きる。そして、何度も述べるように以下のことを心の中に留めておいていただきたい。

自分はＩＳ－ＢＥであり、創造主（神）であり、不死のスピリチュアルな存在である！

さらに、**自分は他の惑星から地球へと流されてきており、火星と地球に設置されているト**

ラップ・システムによって記憶喪失にされ、偽の情報をすり込まれて、この地球に永遠に閉じ込められた状態で生きるように強いられている。

我々はこのことに気付きさえすればよいのである。これは必ず魂に記憶される叡智となるものなのだ。

(6)「旧帝国」の軍事基地や電子トラップ装置基地の隠蔽

「旧帝国」が隠蔽している軍事基地や電子トラップ（罠）基地は、広範囲に及んでいる。中でも、火星のシドニア地区を主な基点としている。そこには、軍事基地をはじめとした想像を絶するハイレベルのテクノロジーが設置され、ＥＴエアルらドメイン軍と戦闘を交わす（宇宙間戦争）時は、主としてそのシドニア基地からの軍事攻撃によるものである。「旧帝国」軍とドメイン軍との銀河間戦争の歴史はかなり古く、少なくとも紀元前約六〇〇〇年前から一二三五年まで続いたようである。

電子トラップ装置なるものの基地は広領域に設置されており、ドメイン軍でさえも未だ完全に発見するに至っていない。この諸々のトラップ装置は現在においても稼動しており、それは、今日我々人類が未だ奴隷惑星から解放されていないという現実的問題を証拠立てている。それでは、どんなトラップ装置が火星などに設置されているのか。以下の通りである。

―「旧帝国」が駆使している各種洗脳装置テクノロジー名など―
・記憶喪失バリアー　・バリアー発生器　・記憶喪失（消去）装置
・電子バリアー（電子の網）　・捕獲装置　・魂を入れるカプセル装置
・記憶を喪失させるための数十億ボルトの電気ショック装置
・古代からある電子機器ネットワーク　・催眠暗示（催眠術装置）
・火星での監禁システム　・遠隔操作による催眠術オペレーション
・遠隔マインドコントロール・オペレーション　・電子兵器　・核兵器
・長距離の電子思考統制メカニズム　・電子独房

―エアルが闇に対して使用している各用語―
・基地（地球上）に帰還する命令　・トラップ（罠）　・牢獄惑星　・監獄惑星
・ドラッグ　・刑務所惑星　・思い出すことを忘れるように命じる（記憶喪失にする）　・偽の記憶

・偽の情報　・地球は、宇宙的なゴミ捨て場　・アンタッチャブル（カースト制の最下層民）・死後、魂をカプセルに入れられ地球内での輪廻転生を強いられる　・偽の文明
・ＩＳ－ＢＥは、カプセルに入れられて火星から輸送されてきた　・「旧帝国」の牢獄の看守たち　・原子力の電子スペース　・オペラである「旧帝国」
・地球はスラム街の惑星　・現地の住民を、政治的、経済的、社会的に奴隷にすること
・ＩＳ－ＢＥの投棄場所と刑務所　・牢獄の中にいる囚人に目的などない
・電気ショックの後、偽の時間と偽の記憶を組み込む
・催眠暗示で「光に戻る」ように命令される
・「天国」と「あの世」の概念は、催眠暗示の一部である

……以上である。いかがなものだろうか？　これらをじっくり読んだだけでも、闇の謀略がどんなものであるかが理解できるのではないだろうか。これが我が銀河系を支配統治し、そして地球人類をトラップにかけている多くの各装置、各用語であり、火星シドニア地区の地下のいずれかの場所に今なお存在し稼動しているのだ。だが、トラップ装置を設置しているのは、実は火星だけではなかった。エアルが語るには、地球にもトラップ基地は存在しており、それは火星の装置と連動していたのである。

その基地は、以下の場所にある。

①アフリカのルウェンゾリ山地

②ポルトガルのピレネー山脈（筆者注：正式には、フランス、スペイン、アンドラ公国の三カ国にまたがっている）

③モンゴルの草原

④全世界のピラミッド群

……ここで、筆者の視点から俯瞰するならば、何も地球や火星、その他の近隣惑星のみにトラップ装置が存在しているとは思えない。我が銀河系全領域に、なんらかのトラップが仕掛けられているはずだ。

ただし、**地球だけがヒューマノイドの特別なゴミ捨て場（刑務所惑星）**として指定されているので、それが他の惑星とは本質的に異なるところである。

以上のように、数多くの電子トラップ装置基地なるものはすべて、「旧帝国」が仕掛けてきたものである、ということを認識しておくことが最も重要である。そうでないと、スピリチュアリストや宇宙科学者たちのように、今なお奥深い洗脳状態に置かれたままとなり、近未来に起きる出来事さえ洞察と予測が不可能になってしまうことになる。今日の銀河系の首領《ドン》は、何度も述べるように『ラー文書』のラー、すなわち、今日の**スフィア・ビーイング・アライアンス**である。

ドメイン軍は紀元前五九六五年、「旧帝国」の防衛陣地を調査しているうちに、火星をはじめとする他の場所の基地を発見した。中でも金星を制圧したのだが、そこにも金星に居住するにふさわしい生命体（人型で、長身の生命体）が今も存在しており、ドメイン軍はその金星の生命体も監視している状態にある。古代ビルダー人種も現在の銀河系のボスも、同じ金星に故郷を持つ。従って、「旧帝国」にあっては、金星は重要な基地であったことからして、この三者、「旧帝国」と「古代ビルダー人種」、そして「ラー＝スフィア・ビーイング・アライアンス」が同一的存在であるとして、筆者は断定している。

（7）「旧帝国」が建造した、謎のピラミッド文明

ピラミッド文明は地球のＩＳ－ＢＥ刑務所システムの一部として意図的に創造された

ピラミッドというものは、とても硬い物質で造られている。「旧帝国」によって建造さ

れた全地球領域のピラミッドがそうである。硬い物体というものは、物質的に最も粒子が粗い素材ということになるから、密度的に最低レベルに位置するのだ。この目の粗い素材で造られているとても重い各物体が、どうして人類に良い影響（ポジティブエネルギー）を与えることができようか。最も硬い物質の素材で造られているピラミッドが、人類を進化させることなど戯言にすぎないのだ。

ただ単に、意味のない神秘や美しさを表現している奥深い迷妄な「謎」を表しているにすぎない。

「旧帝国」は、そうやって人類を地球に閉じ込めている。人類を閉じ込めておくには、硬い物質で建造して地球に封印しておくことの方が容易なのである。地球外縁に張り巡らされたバリアーは大きな壁として、高次元から来る一部の存在たち（ドメイン軍）の侵入を塞いでいる。いわゆる要塞遮蔽物として。より一層の「幻想」で惑わすためには、死体をリンネルで包んだり樹脂を浸したり、その他諸々の理由のない物質やシンボルなどを使って永遠なる命の幻想を生み出していくことの方がより効果的である。IS-BEは、質量も時間も持っていない。だから密度の重い物体は、本質のIS-BEとは全く正反対である。物体は永遠に持続しないが、IS-BEは永遠に「在る」のだ。

ピラミッドは「旧帝国」が建造した、ということは闇自身が語っていることだ。『ラー文書』のラーも全く同様なことを言っているし、スフィア・ビーイング・アライアンスも同じことを言っている。よって、「旧帝国」と『ラー文書』のラー、そしてスフィア・ビーイング・アライアンスは同根であることが明白である。

地球のピラミッド文明は、でっち上げられた幻想にすぎない、とエアルは語る。その意味するところは、**「真実を知ることを妨げる捏造された」**ということなのだ。すなわち、「偽りの文明」であるにすぎない。刑務所システムの中に閉じ込められた人類に対して、記憶喪失メカニズムをさらに強化するために、偽の社会の幻想を生み出す目的で建造された。それが捏造そのものの確たる意味である。世界中に流布させている、「崇拝すべき神の降臨場」では決してないのである。

地球のピラミッド文明のすべては、幾重にも重ねられた嘘を巧妙にいくつかの真実と組み合わせることによって入念に考案された。……ともエアルは言っている。

地球のピラミッド文明は、人類に対するコントロール・トラップ装置である。それは、「美と魅惑」を織り込んだ、眩惑装置である。人類に対して「永遠の謎」を投げかける。

そうすることでピラミッドは、決して破壊されることなく永久不滅となっていく。あたかも堅固な物質は破壊されないがごとくに永続していく。だがしかし、それは偽りの幻想にすぎない。

物質は必ず朽ち果てる。それでも人類は、「美と魅惑」に酔いしれ、ピラミッドという幻想と謎の濃霧の中を彷徨い続けている。

以下に、「旧帝国」、「古代ビルダー種族」、そして『ラー文書』のラー＝天の川銀河系のボスの相関的同一性（共通したピラミッド建造）を記しておきたい。

●**「旧帝国」**：紀元前二四五〇年、カイロの近くの「大」ピラミッドと複数のピラミッド施設が完成した。「旧帝国」の管理人たちがつくった碑文が、いわゆるピラミッド・テキストの中に見ることができる。そのテキストには「ピラミッドはプタハの息子トートの指示の下で建築された。」とある。

※筆者注：トートは「旧帝国」側

●**「古代ビルダー人種」**：超古代に存在していた彼らは、巨大宇宙船をはじめハイテク装置や機器などを駆使して、我が銀河系全域にわたってピラミッドやオベリスクを建立していった。この存在は、今日においては「**天の川銀河系のボス、スフィア・ビーイング・アライアンス**」である。

※筆者注：オベリスクは、闇の勢力による人民支配の象徴！（男根シンボルとしての男性支配）

●**「ラー文書」のラー＝スフィア・ビーイング・アライアンス**
「私たちがピラミッドを建造しました！」（『ラー文書』第一巻）

○エアルが語るには、ピラミッドの**通気口は、**
・オリオン座　・おおいぬ座　・シリウスの星々……の配列と整列するように建設された。
それらの通気口は、
・「旧帝国」の本惑星が存在していた北斗七星……にも整列している。そして、
・オリオン座ζ（ゼータ）星　・竜座α（アルファ）星　・小熊座β（ベータ）星……も含まれている。これらの星々は「旧帝国」の主要な星系である。

ＩＳ-ＢＥたちは、これらの星々から地球に連れてこられた。

地球のピラミッド配置は、いわば各星座の〝合わせ鏡〟になるよう配置されている。さらに――。

最後まで残った「旧帝国」のピラミッド文明は「テオティワカン」にある。エジプトのギザのピラミッドの天文学的な配置のように、この施設のすべては太陽系の正確な縮尺模型であり、内惑星、小惑星帯、木星、土星、天王星、海王星と冥王星の軌道距離を正確に反映している、としている。

「テオティワカン」にあるピラミッド文明は、エジプトのギザのピラミッドの天文学的配置のように、太陽系の正確な縮尺模型であるという。このように正確で詳細な情報は、なかなか見られないものである。「旧帝国」が、精緻で高度な数学を使って計算配置し神秘的な迷路にし、謎としていかに後世に遺したかが垣間見られよう。

(8)一なる創造主は、実在するのか

地球人類のすべての者が、創造主は唯一無二とする。これは、創作され洗脳されたプロパガンダとしての最大の汚点である！　一切合切の記憶を消去され、偽の情報をすり込ま

れている人類が、共通のことを考え、おうむ返しで答える時、それはまさに洗脳された状態にある。しかも、最も奥深いところに座している最大の洗脳トラップでもあるのだ。今のあなたには、ピンと来ないだろうが……。

(9)「旧帝国」のマインド・コントロール装置は、今後破壊できるのか

ドメイン軍が、地球に次回来る予定は、五〇〇〇年後であると先ほど述べた。それまでに数多くのコントロール装置を発見できる機器や、破壊可能な機器を開発できるかどうかは、今のところ極めて難しいと言わなければならない。それまでに人類は、他の惑星から隔離されて、地球という刑務所惑星の中に監禁状態にされ続けていなければならないことになる。人々は、無知であった方がかえって良いのかもしれない。だが筆者にとっては、真理を探究するためにこの世に生を受けてきた以上、無知であることなど霊的にも精神的にも決して許されることではない。

【第二章】

『ラー文書』のラーと同根の、スフィア・ビーイング・アライアンスについて

前置き

ラーなる存在は単一的存在ではなく、複合体からなる。一方スフィア・ビーイング・アライアンスにおいても、複合体の存在である。よって、以後ラーを語る時は、スフィア・ビーイング・アライアンスと同根であると思っていただきたい。

ラーにあっては、既述したように書籍として刊行されている。しかし、スフィア・ビーイング・アライアンスにあってはそれがなく、『コズミック・ディスクロージャー』なるWEBサイトの匿名の日本人和訳によるブログやYouTubeの日本語字幕でしか確認することはできない。世界的に著名なスピリチュアリストらは、『ラー文書』の熱烈な信奉家である。筆者と同様彼らも、この二つの存在（ラーとスフィア・ビーイング・アライアンス）の語り口などの類似点や共通性からして同一的存在と断定している。

ラーは、何かにつけテレパシーを通して特定の地球人に直接介入しては、地球史を創り上げてきているのだ。それも意のままに……。彼ら（九人）の中の一存在である、オーブ・ビーイングなる高度な知性体は、球形をしたオーブ状であるが、そのサイズは、小はピンポン玉から大は木星サイズに至るまで、自由自在に瞬間的に変貌可能である。その存在は、ごく最近まで我が太陽系内に流入してくる強烈なエネルギー・フラッシュから、地球を守るための防護柵としてバリアーの役目を果たしてきた、とスピリチュアリストは語っている。しかし、表面的には確かにそうであるかのように思えるが、筆者の視点からは、彼らの本質が悪意の意図をもった存在である以上、ある策謀が根底にあってのことであるといえる。決して現象面だけにとらわれてはならない理由がそこにある。近未来において、果たして意識体の存在は何を企図しようとしているのか？　そのことをこれより解析していく。

ここで付言しておかなければならないことがある。

『ラー文書』の特徴として、人類への恐怖と欺瞞を巧みに織り込んでは一方的に自分らの主張を貫徹していくことにある。そしてまた、話し言葉の表現が極めてもどかしさを感じさせ、小難しい表現で人を眩惑させるような口調で一貫していることである。

（1）『ラー文書』のラーは、エジプトのピラミッドについて我々にどう語っているのか

一九八一年一月一五日から約三年間、「ラー」という惑星連合の存在から、以下に記す三人の研究グループに交信が届いたものである。

①まず一人目、ドン・エルキンズ：②のチャネラーを媒体としてラーを召喚する役割。一九三〇年生まれ。物理学者。一九八四年一一月七日自殺。

②二人目、カーラ・L・ルカート：一九四三年生まれ。チャネラー。のちにマッカーティと結婚したが、彼女はすでに他界している。

③そして三人目が、ジェームズ・マッカーティ：一九四七年生まれ。①②との協働従事者。

『ラー文書』のラーは、ピラミッド建造について以下のように記している。

ラー：大ピラミッド群は、「一なるもの」の力を用いた自らの能力によって私たちが建造しました。石は生きているのです。

先述したETエアルの語る内容とは、全くもって反対のことをラーは言っている。エアルの語り口は、すべての内容に客観的で、かつ具体的視点から論理的に説明したものである。

一方ラーにあっては、一貫した単一的な語りかけだけで終始していることが特徴である。ラーの語彙をストレートに鵜呑みにせず、彼の語りの心中を読み取りながら読んでいくことが肝要である。

ピラミッドは、何も地球にのみ存在するのではない。少なくとも我が太陽系の至る所に設置されている。中でも火星のシドニア地区のピラミッドはあまりにも有名だ。スピリチュアリストらが、太陽系全領域にピラミッド建造物の存在を認めている。

質問者（物理学者）：大ピラミッドのことを主としてヒーリングの装置であるとしてあなたがたは話されていますが、同時にそれがイニシエーションのための装置であるとも述べられています。

ラー：それらは愛／光の意図／共有という一つの複合体の一部です。ヒーリングの効力に浴するためには、「無限の創造主」の愛／光がそこを流れるように、純粋で献身的な経路、あるいはエネルギーを与えるものの存在が重要でした。それで「創造主」の仕事に携

わるのにふさわしい思惟する心と身体と霊とをつくり上げるために、イニシエーションという流儀が必要だったのです。両者は共に一つをなす不可欠な要素であると言えましょう。

以上のラーの語りからも分かるように、ラーが欺瞞を語っている狡猾さがありありと窺える。大ピラミッドを建造するのにどうして創造主の愛とか光とか、はたまたイニシエーションとかを語るのか？　あまりにも誇張し過ぎるのだ。第一、イニシエーションとかの儀式自体が、悪魔がやることである。とにかく奴らとしては、なんとしてでも「一なる創造主」なるものを人類の頭の中に叩き込んでおかなければならない。そうしなければ、もしも、一人ひとりが創造主であることに人類が覚醒してしまったら、これまでの陰謀は瓦解してしまうのだ。

だから、執念深く人類に「一なる創造主」を刻印しておかなければならない。この『ラー文書』は、すべてそういう展開になっている。ピラミッドの話題については、延々と続くのだ。「創造主」の言葉も延々と使用する。彼らは自分らを、「唯一無二の創造主！」としている。これこそ、人類に対する最大の策謀なのである。後述する。

（2）破壊された元惑星、マルデック

ラー：（前略）あなたがた人類がもっとも頻繁に用いている震動性音声複合体は「マルデックMaldek」です。ところが、マルデックの人々は自分たちの住む惑星を破壊してしまい、そのため自分たちの居場所を見つけることを余儀なくされました。（中略）それは約五〇万年前に起きた出来事です。

「震動性音声複合体」といった、わけの分からぬ用語が、この書には頻繁に登場してくる。マルデック惑星の人々は自分たちの手で惑星を破壊した、とさえラーは言っている。しかも五〇万年前にだと……。これも見え透いた大嘘を言っている。この惑星を破壊した張本人は、複合体のラー自身である。

このマルデックは、地球よりも大きかったのだ。そんなでっかい惑星を高度なテクノロジーを持った闇が破壊しない限り、どうして惑星マルデックの住民たちが自殺行為をしなければならないというのか？　全くもってありえない話だ。しかも五〇万年前などと大嘘を言っている。そこでETエアルに登場してもらおう。

私たちドメイン軍と「旧帝国」との宇宙戦争時に、「旧帝国」が核兵器でマルデックを破壊しました。それは何十億年も前のことです。とはっきり語っているのだ。

ETエアルにせよ、ラーにせよ、枝葉の視点で解釈してはならない。俯瞰的総合的見地から体系化しながら観察していかなければならない。一、二回読んだくらいでは理解するのは無理である。

※筆者注：地球上において、宇宙や地球の誕生時期は、意図的に短く設定されている。そんな理由から、闇はマルデックの破壊年数を五〇万年前という短い年数で嘘を言っているのである。現に、形而上学的意識をもつ元NASAの日本人研究者の某科学者は、「宇宙や地球の誕生年数はそんなチャチな年数ではない」と語っているのだ。

（3）現在の地球は、四次元周波数領域の中にある

ラーは言う。**この天体（地球）は、現時点で、四次元波動の中にあります。すなわち、三〇年後には、四次元の惑星になっています。**

この当時のテレパシー交信時が一九八一年であるから、その三〇年後といえば二〇一一年となる。

しかし、今すでに二〇二〇年である。約四〇年経っていることになる。なんら変化はなく。

スフィア・ビーイング・アライアンス（ラーではない）は、スピリチュアリストらに次のように語っている。

・**アセンション**（筆者注：次元上昇）**が起きる時期は、二〇一八年頃になります。**

・**二〇二三年か二〇二四年頃です。**

・**アセンションは二〇二八年頃です。**

……どうだろうか？　適当なことを自己責任なく何度も変更しては軽々しく吐露している口調が、ラーの語りと酷似していないだろうか？　奴らは、それほど曖昧模糊とした説明をしている。なぜなら、何度も言うように奴らには魂胆があり、その本音を人類に明かすわけにはいかないからだ。全くもって嘘も方便である。だからこそ、人類にとっては実に恐怖となるのだ。テクノロジーのレベルに、我々とは雲泥の差があるゆえに……。

そして、地球が四次元に上昇するなんてことも、大嘘である。地球は第三次密度の世界といわれている。それが次元上昇して四次元に移行する、というわけだ。断言しておくが、これも陰謀の手法である。眩惑作戦に乗せられないように……。彼らに、ある謀略があってのことである。それは近未来に仕掛けられており、そのためにひそかに一部のエリートらがいずれかへ大移動している（後述）という客観的事実を裏付ける暴露情報があるのだ。それを最上部で下命しているのも、もちろんラー＝スフィア・ビーイング・アライアンスである。

（4）ニコラ・テスラは、惑星連合から情報を得ていた

ラー：ニコラ・テスラは、惑星連合の情報源から情報を得ていました。

エアルが語っているように（「ET文書」ページ一五五参照）、ニコラ・テスラはドメイン軍のメンバーである。彼は、宇宙ステーション基地に体を置いて地球へと降り立ち、功績（主にフリー・エネルギーの発明・開発）を遺して再び宇宙ステーションへと帰還したのだ。惑星連合なるものは、遥か昔に「旧帝国」の手によって創設された。よって、惑星連合のメンバーなるものは、闇側に属する。

ネットのイラスト画（『コズミック・ディスクロージャー』参照）でも見られるように、

惑星連合のメンバーは、必ずと言っていいくらい金髪碧眼の姿で登場してくる。白人の間でさえ、金髪碧眼は羨望の的になっているのだ。そのイラスト画は、あたかも正義の味方であるかのような顔立ちで描かれている。

……ニコラ・テスラが惑星連合から情報を得ていた、というのも全くの大嘘である。一度嘘をついたら、終始一貫して嘘を通さなければならないことになる。これは、医師の患者に対する欺瞞と全く同じ手法である。

第一、なぜ突然にもニコラ・テスラの名前を引き合いに出すのか？　それ自体に疑念を抱かなければならない。ＥＴエアルは語っている。「ニコラ・テスラは、ドメイン軍の一員です」と……。闇はその事実を知っているのに、あえて自分らの仲間の一員のごとくして引きずり込んでいるのだ。それも、小さくはあるが眩惑作戦の一つだ。洗脳が深い者は、より一層の奥地へと嵌まり込んでいく。闇の背中に、「**狡猾**」という見えないレッテルが貼られていることが分かると洞察しやすくなる。狼少年が、まさにそうであったごとく……。

※筆者注：闇が、ニコラ・テスラの名前をあえて引き合いに出してくる理由は、裏を返せばテスラがドメイン軍の一員であることを闇は知っているからだ。その事実を、人類に気付かれないようにす

るための意図的工作である。地球人の名前が出てくるのは、前にも後にもこのニコラ・テスラのみである。

(5) ワンダラーの数は？

ラー：ワンダラーの総数は六五〇〇万人に達しようとしています。(中略) 彼らのほとんどが第六密度から来ています。

エアルが語るには、この地球は記憶喪失にされて嘘の情報と偽の時間にすり替えられているから、自分がある目的を持って転生してきたなどということはないと断言している。従って、ワンダラーそのものが実在などしてはいない。密度次元についても、そういうヒエラルキーは闇が創作した架空の次元である。

※筆者注：ワンダラー：高次元惑星（？）の中の一部の四次元密度から来た者を除き、多くは六次元密度から来た者だとラーは言っている。後述するアセンション（地球とともにごく一部の覚醒した人類のみが四次元に上昇する）のための人類への支援を目的として来た、地球人類より遥かに霊的

レベルや知的水準の高い者たちのことを指す。もちろんそんな賢い者は存在しない。現在彼らは、一億人にも達しているだろう（二〇一八年当時）、とインサイダーは公言している。

（6）今回の収穫はどうなる

ラー：今回の収穫（筆者注：アセンション）**では多くが第三密度の周期を繰り返すことになるでしょう。現時点において、あなたがたのワンダラーや教師や賢者たちのエネルギーは、すべて収穫を増大させることに向けられています。しかしながら、収穫される人はわずかです。**

ワンダラーが六五〇〇万人もいながら、収穫される者はわずかだなんてことはない。これも矛盾的発言である。それでも「収穫される人はわずかです」というラーの発言は真実だ。

しかし、今あなたが思い込んでいる「自分も収穫される側の一人だ！」という自分さえ良ければというそのエゴは、錯覚や妄想にすぎないことに気付かなければならない。それが洗脳であり罠だ。

この地球は、総人類のエゴという集合意識エネルギーで席巻し尽くされている。であるならば、人類全員が次元上昇されてもおかしくはないはずである。だからあなたも次元上昇できる、という論理が成り立つ。しかし実際には、ラーがネガティブな真実を言っているように、収穫される者はほんの一部に過ぎない。この点がとても重要な箇所になる。

スピリチュアル界や宗教界にいる者が、だまされやすいポイント地点であると言えよう。結論を言うと、ラーの卑怯な思惑は、「収穫される人はわずか」な人間は、全く別な視点にあることだ。そう、再度想起してもらいたい！「選別された超エリート白人らの地球外への移行」……であるのだ。

繰り返そう。闇にあっては、黄色人種そのものを実に嫌っている。あなたは白人だろうか？　そうではないだろう。

あなたが、たとえ反日思想を持った人だろうがそれは同じこと。あなたがたにとって、お金よりも大事なものは、自分の命であるはずだ。だからこの書を読んでいる反日の人も、そのことに早く気付いてほしい。あなたも罠にかかって洗脳されているのですよ！　順番からして日本人が先に殺される。その数年後（あるいは数カ月後かは分からない）に、地球に残された残飯組は、総なめで消される運命に置かれていることを知っておく必要がある。現在の地球が一見どんなに優れた高度な文明の状況下にあろうと、地球外離脱文明の有り様はそんなレベルではない。第一、あなた自身は病院に行って寿命を延ばせるだろうか？　足や指などを切断したからといって、医者は元通りに甦生できるだろうか？　一般大衆が宇宙旅行できる乗り物が、今存在しているだろうか？　……それらすべてが、地球には存在していないことは明白である。

人間にとっての最大の重要事項は、魂の次元にあることに気付いていかなければならない。再度言うが、魂は永遠不滅なのだ！　いずれは魂は消え去ると確信している人も世にはいるけれども、決してそうではない。その人たちは、自分たちが一番正しいと思っているが、単に洗脳され深く思い込み過ぎているだけの話なのだ。ではさらに言うが、ＥＴエアルたちや肉体を持っていない闇の連中の現実を、どう説明するのか？　……そういうあなたは、再度思考を張り巡らして自己の正当化に時間を費やすことだろう。真理というものは、決して矛盾があってはならないのだ。話を戻そう!!

ワンダラーは、なんのために高密度からわざわざ危険を冒してまで地球へと転生を繰り返してきたというのか？　収穫数が取るに足らないのなら、六五〇〇万人や一億ものワンダラーなる者が、何千年も前から地球で転生を繰り返している意味などないというのに。全く矛盾めいたおかしな話ではないか。

最初からワンダラーなんて存在などしていないのだ。もし仮に、闇の言う〝わずか〟の中が、ワンダラーばかりだったとしたら、ワンダラーが地球外からやって来たということが全く意味をなさないことになってしまう。

闇は、ワンダラーの多くが、第六次元の密度から来ていると語っている。もし闇の言うことが事実であるとするならば、アセンションは四次元へと上昇することにあるから、六次元密度からやって来たワンダラーは、低次元に下がることになる。四次元から来た少数のワンダラーは、結果的に何もせずに自分の古巣に戻ることになる。

……どうだろうか皆さん、そこまで考えてみたことはあるだろうか？ それでもおかしいとは思わないのだろうか？ 彼らが語っていることこそまさに正論であると思い込んでいると、いつまでもその固執した自分から脱皮することができない。これは単にスピリチュアル界や宗教界のみならず、地球に存在している全人類に全く同じようなことが言えるのだ。なぜなら、何度も指摘しているように、この惑星は多くのトラップ装置で洗脳状態にされている。宇宙広しといえども地球だけが、唯一の刑務所惑星にほかならないからだ。

自分中心に物事を考えずに、広く人類の実態を考えてみてほしい。自分の都合のいい視点で考えていたのでは、それはエゴがそうさせているわけで、洗脳されているエゴで物事を捉えようとしてもそれは中庸的思考とは言えない。食べる物をはじめ、安心して水を飲める国がどれだけあるかなど、その中の一項目だけでもいいからピックアップして熟考していただきたいのだ。

ラーは、「**多くが第三密度の周期を繰り返す**……。**収穫される人はわずか**……」と言っている。

その解釈については次の通りである。

「**多くが第三密度の周期を繰り返す**」……これは単純に考えても、人類の〝**死**〟を意味するラーの発言である。そしてまた、「**収穫される人はわずか**」……地球自体が第四密度へと上昇する（これも大嘘！）から、アセンションする者はそのまま地球に留まる、とラーは語っているのだ。多くの人が死を意味するということは、常識的に考えて〝地球のポールシフト〟現象を意味している。そう、この大掛かりなポールシフトなのだ。大陸の移動現象なんてものではない。

これは今回が初めてではない。ラーは、地球におけるアセンション周期を七万年間としてそれを三区分し、二五〇〇〇年単位として三周期としている。従って、最初の二五〇〇〇年間や二回目の二五〇〇〇年間の時も、アセンション到来があったと言っている。しかし、最初のアセンション到来期には、収穫された者は一人もいなかったと。そして二回目の収穫時には、わずかな人がそのままこの第三次密度の地球に残ったと言っているのだ。この回答すら実に適当だ。二回目の収穫では、結局一人として収穫されなかったではないか……。単に人類総抹殺されたにすぎない。それが歴史的事実だ。

そこで浮上してくるのが、アトランティス大陸の崩壊だ。今から約一一六〇〇年前（諸説紛々）にアトランティス大陸とレムーリア大陸は崩壊したとされる。実はこの崩壊は、自然現象からなる大異変ではなかったのだ。闇が仕掛けたリセット工作なのである。その時代においても、アセンションなるものを掲げて現代と同じような陰謀工作を謀っていたことは想像に難くない。結果、事実リセットされてしまった。

ちなみにアトランティス大陸などの住民は、黄色人種であったとされる。我々は記憶消去されているから当時の記憶は残っていない。過去の記憶消去こそが奴らの最大の術策ではあるのだが……。これはまさにリセットそのものを意味している。換言するならば、引き続き地球に人類を閉じ込めておくことの刑務所蹂躙工作にほかならない。

とにかく奴らは、永遠に「**役立たずの無駄飯食い**」を地球刑務所の囲いの中に入れておきたい。周期的に輪廻転生を繰り返させることで、人類の過去の記憶（自分の出身惑星から島流しされていたことなど）を甦らせない状態にしておく。そうすれば、自分たちが仕掛けている謀略に一切気付くことはなくなる。もし人類が「自分は誰で、どこから来て、なぜ今ここにいるのか?」の記憶を取り戻してしまえば、自分らの存亡さえ危うくなってしまう……という恐れを、奴らは常に抱いている。

そのためにアセンションという疑事用語を創作して、人類をだまし続けているのである。

全大陸が崩壊し、地球上の万物がリセットされ、再度原始生活へと振り出しに戻される。

……それでは収穫された人々は本当に第四密度となった地球に居残ることになるのか?

……否違う! 後述する。

(7) ラーが語る、地球人類はどこから来たのか

ラー:第三密度の人口の半分が「火星」から来た存在で、四分の一があなたがたの惑星の第二密度から来た存在でした。そして残りの約四分の一は、別の源となるほかの天体から来ていた存在でした。彼らは、第三密度に取り組む舞台として地球を選んだのです。

(中略)三つのタイプは、概してお互い混ざり合わない状態でした。

ETエアルは、人類は「宇宙の数多くの惑星から流されて来た者たち」と言っており、

言語・風習・文化・食習慣・服装などが全く異なるのもそのためなのだと語っている。

闇の漠然とした語り口と、エアルの客観的な説得力ある、しかも具体的な論理とは、どちら側がより信憑性や蓋然性が高いだろうか。

第一、火星から半分もの人口が地球へと来たのであれば、少なくとも人類の半数は、言語や文化、慣習などが画一的で共通したものでなければならないのだが、現実的にはそうではない。……一個嘘をついたら、すべてを嘘で固め通さなければならない。

物理学者である質問者は、チャネリングが完了したその翌年に自殺を図っている。ラーの琴線（逆鱗）に触れて暗殺されたのか、ラーの矛盾に苦悩しながら自らの命を絶ったのか。彼は本当に、苦悩・錯乱という壁に当たり、行き詰まったことだろう。

この「**三つのタイプ**」が互いに混ざり合わない以上はなおさら、今日においても人口の半数は同じ言語や文化などを伝統的に維持しているはずだが、もう矛盾のカテゴリーにあるからそれから抜け出すことは闇にとって不可能であると言える。しかも、好んで地球を選ぶなど話にならない。

確かに一部の火星人は、地球へと運ばれて来たようだ。魂をカプセルに入れて運んで来たのだ。

【第三章】『火星＋エジプト文明の建造者【九神《ザ・ナイン》】との接触《コンタクト》』の中の九神の陰謀

（以下「九神」「九人」と表記。語り部分の太字は「九神」による）

（1）ピラミッド時代における九神とは

「九神」は、九位一体としてヒエログリフとピラミッド・テキストに刻まれている。彼らを総じて、「大エネアッド（古代エジプトの九神）」という。彼らの寿命は永遠であるから、民衆からするならば、まさに「神」そのものであった。

現在のスフィア・ビーイング・アライアンスは五種族からなると、スピリチュアリストのインサイダーの一人は語っているが、真実は九種族が実権を握っている。

後に、三位一体としてキリスト教が台頭してくるものの、この九神は単に天（別次元）に退いたにすぎず、いつの日か栄光の中で帰還すると信じられているようだ。

これらの宗教を創ったのも、同じ九神である（後述）。彼らはいつの時代においても、分割（あるいは分断）して統治していくのだ。下界からは、上界の陰謀は決して見えてはこない。

世界的に著名な、と称する思慮浅薄なスピリチュアリストの思考レベルも、人類全員が共通した物の見方をすることからしても滑稽なものである。まさに「木を見て森を見ず」ではないか！　こんな状態であるから、我々は永遠に彼らからいいようにだまされ、翻弄され続けられなければならないことになる。

自分は決してだまされてはいないと、これまた全員が同じことを叫ぶから致命的だ。大局から俯瞰する根拠も何もないにもかかわらず、自己の正当化だけに陥ってしまうのである。まさにエゴだ！

（2）古代エジプト情報は、現代人にどのような影響をもたらしているのか

古代エジプトは、今日においてもやたらと謎の部分が多く、そのために人類の興味や関心を強く突きつけている。日本人にはあまり馴染みのないことではあるが……。しかし、そこには常に渦巻く陰謀を内包しているのもまた事実である。

エジプト文明の中心座標に位置しているのが、スフィンクスを含むギザの三大ピラミッ

ドである。

ＥＴエアルは、既述したようにピラミッドについての所見は、いたって端的にして明快なるものである。ＥＴエアルの解答は、以下のように確たるものである。

エジプト文明は地球のＩＳ‐ＢＥ刑務所システムの一部として意図的に創造された。ピラミッドは「叡智」の象徴であるとされている。しかし、地球という惑星での「旧帝国」の「叡智」とは、物質、意味と神秘によって構築される複雑な記憶喪失「トラップ」の一部として機能するように意図されている。

闇にあっては、あえて迷路なる「謎」をつくりだしているため、今日のピラミッド研究家や探索家たちは、過剰なまでにそれに翻弄され続けている。

先ほど出てきたように、ピラミッド・テキストなるものが存在している。そのテキストを現代文明に照合させることで多くの研究家らは「啓示」として受け取り、近未来に生じる預言なるテキストとして関連付けているのである。ＥＴエアルは、ピラミッドは人類を地球に閉じ込めておくための洗脳装置であると語っているのだが、そのことに気付く者は一人としていない。

ピラミッドの建造年代も実に諸説紛々で、主張していることはまさに個人レベルであり客観性に欠け、自己の憶測年代提示こそ正当なるものとして、世界中にエゴの自己主張を流布している。

何千年も前から屹立しているピラミッド群であるだけに、彼ら（研究家など）の視点が、鳥瞰する位置からの逆転発想に変わることなど夢のまた夢である。井の中の蛙として、ハツカネズミよろしくグルグル回転していたのでは、永遠に真実に近づくことなど到底不可能である。

ここで「九神」なるものを、上記とは別な視点から若干説明しておきたい。

これは前にも触れているように、我が銀河系の頂点に座し、銀河系の全領域を支配・統治、そしてヒューマノイドをコントロールしている、スーパー・テクノロジーを持った悪魔の存在である。

彼らは、前述した『ラー文書』のラーでもあり、それは単一的な存在ではなく複合体からなると、ラー自身が語っている。ラーは、複合体が何人からなるとはもちろん言っていないが、「九神」を読む限り、九人（九神）からなるようだ。その存在が、ピラミッドやスフィンクスを建造し、そしてまた地球の歴史に古来、干渉・介入してきており、よって地球の歴史を操作してきた張本人である。例えば、ソビエト連邦共和国や東西ドイツの分断からの崩壊も、彼らの計略によって遂行されたものである。

地球の支配者（イルミナティあるいはサンヘドリン）として、例えばロスチャイルドや故ロックフェラーなる悪魔的存在が名を連ねているが、彼らの超最高位に君臨しているのがラー、すなわちスフィア・ビーイング・アライアンスの九人にほかならない。これらの存在が、「九神」的存在として欺瞞工作や捏造工作を指令しているのである。従って、地球人のレベルからして彼らの意図を洞察することにはかなりの無理が生ずる。

三大ピラミッドは、地球の中心軸としてあらかじめ設定されている。そしてまた、この建造物が最古の建築物として今なお威厳を放っている。研究者や探索家たちは、建造物の歴史が古いあまり、なんら疑念をもつことなく、ピラミッド・テキストを「啓示」の書として、ますます白熱すべく自己主張を方々唱え続けているのである。

「九神」は、そういった翻弄された人間たちを遥か上空から観察しては、悦に入っていることだろう。ピラミッドやスフィンクスは、人類が安易に考えるような「啓示」に関するものでは決してないのである。人類が探求すればするほど、奥深い闇（迷路）の世界へと陥っていくだけにすぎず、張り巡らされたクモの巣からは、身動き一つできない状態で呪縛されているということだ。

ムバラク大統領は、一九九八年に以下を文書にしたためている。

「古代エジプトのモニュメントは全世界共有の財産と認められている。」

何ゆえに〝全世界の共有財産〟なのか？　その根拠は何なのか？　については、一切語られることはないし、今後もそうである。闇の手口として、こういった権力者たちを利用して意味も根拠もないあやふやな言質を、あたかも説得力があるかのようにして流布させてしまうのである。

悲しいことに、愚民は権力者たちの言葉にはイチコロとなってしまう。

（3）宇宙はこうして創造された、という滑稽な神話

「鰯《いわし》の頭も信心から」というがごとく、次の神話も学者にとっては真剣そのものである。

アトゥムは自慰行為の中でオルガスムを爆発させて、宇宙を創造したと書かれている。（中略）宇宙は弧を描くアトゥムの精液から展開し、いくつかの段階を踏んで、今の物質世界が現れた。

さあ、どうだろうか！　これが笑うに笑えない惑星地球の信仰概念である。「**アトゥムは自慰行為の中でオルガスムを爆発させて……**」とある。アトゥムは「九神」の一人であるが、比喩的とはいえ「神」と称する者が肉体的存在になっているのだ！　おかしいだろう。彼らの理屈からするならば、神は肉体ではないはずなのだ。「霊」として彼らは捉え

ているはずなのに、こと神話となると肉体へと変貌している。しかも自慰行為というリアルな表現でだ。

この宇宙の創造でエアルが語っていることは、「私たちは皆ＩＳ－ＢＥであり、私たちが創造主であり、皆でイメージしながらあらゆる物質宇宙を創造してきた！」である。よって、一なる創造主は、洗脳工作のためのツール的創作物にすぎないのだ。犬や猫などの多種にわたる生命体は、一体誰が創造しているのか？　疑念を講じる者は、あらゆる種に関して考察を試みてほしいものだ。

（４）ピラミッド内部は、科学の法則を覆す何かの力が働いている

コンピューターによる初のデータ解析は、代表者のアムル・ゴネイド博士をして、「物質学法則を覆す結果が得られた。ピラミッド内部では科学を覆す何かの力が働いている」と言わしめた。

だが、ここでも混乱する事態が起きた。あとになって、アルバレスは、〝何も異常なことはない。新しい部屋はひとつも発見されていない〟とアメリカから声明を出したのである。

※筆者注：①**ルイス・アルバレス**：物理学者。一九六八年にノーベル物理学賞受賞。ギザ複合体における部屋探しを、カフラー王のピラミッドで初めて行った人物。

②**アムル・ゴネイド博士**：インターネットで検索するも、確認とれず。多分、右記の内容からして削除されている可能性もある。ピラミッドの真実暴露は、特にそうである。ピラミッドは人間レベルの話ではないので、闇にとって真実に少しでも近づく者は、誰しもが犠牲になっていることは皆さんの方が詳しいだろう。特にアメリカにおいては……。アムル・ゴネイド博士については、「九神」書のページ一〇〇で確認することができる。

ゴネイド博士が、隠し部屋には「**ピラミッド内部では科学を覆す何かの力が働いている**」と語っているが、アルバレスは「**何も異常なことはない**」と、後に一蹴してしまったのだ。ちなみに、ノーベル賞自体も、闇が創り出したものだ。一度たりとも人類がその恩恵を受けたことはない。

「**科学を覆す何かの力**」が、ピラミッド内部には働いている。それが事実であるにもかかわらず、真実は必ず後に否定されてしまうというのが世の常である。科学では到底理解し難い〝何か？〟を語る時、それは五感では不可知な目に見えない力を意味している。しかし、誰かが真実を語ろうとする時、否定論者（反駁論者）として、金と名誉目当てのインテリは、必ずと言ってよいほど現れてくる。例えば、ここではノーベル物理学賞受賞者といった権威ある闇の手下をもってきて、愚かな大衆を問答無用で黙らせる工作をやることだ。これも、闇の常套手段である。

ＥＴエアルが看破しているごとく、ピラミッドは「**記憶喪失トラップの一部**」であるのだ。

しかしながら、エジプトの学者だろうが探索家だろうがピラミッドに働いている「力」は、現代人に好影響を及ぼすと……。すなわち、近未来に人類はＤＮＡが変化して、これまでの人類に好影響を与えて進化する、という方向性へ転化した意識を向けることにある。……これではＥＴエアルが語っている根源的本質論にはほど遠い。スフィア・ビーイング・アライアンス（すなわち「九神」）の本性や意図を洞察できない限りは、延々とそういった〝木を見て森を見ず〟状態が続くだろう。

だが、ゴネイド博士が公表した声明と、それを覆す側に回ったアルバレスの「力」の意味するものは、エジプト学者らが思っているそれとは本質的に異なる。ゴネイド博士は、ＥＴエアルの主張を首肯するものであり、一方アルバレスは、それを否定した主張であると解釈できる。

だからといって、ゴネイド博士やアルバレスが、具体的にそれが何なのかの全体的本質を深く認識することはできないだろう。この次元になるとほんの一部の者しかその本質性を知らないはずだ。スフィア・ビーイング・アライアンスとの直接的な関わり合いを持っている邪悪な地球人（白人）に限られるだろう。

（5）火星と古代エジプトとの関連

過去二〇年で、古代エジプトと死滅した火星文明との間に何かの繋がりがあるという信仰が着実に広がっている。

これもあくまでも信仰の問題であるから、あまりにも漠然とし過ぎている。ＥＴエアルの言う本質論とは異なるものである。だがしかし、ここで強調しておきたいことは、火星と古代エジプトがなんらかの不可視な繋がりがあり、それは今なお連動しているということだ。ここではそのことだけに留めておきたい。

（6）隠された聖なる「契約の箱」の発見

海軍士官のデビッド・モアハウスは、火星へのリモート・ビューイングを通してある時、与えられたブラインド・ターゲット（事前に知らされていない目標物）に向かい、危険なオーラに満ちた洞窟に横たわる箱状のものを見た。彼は「近づく者をみな蒸発させる。とても強力で聖なるもの」と言い、「この洞窟は居心地が悪い、やられそうだ」とも付け足した。その一時間後に、画家が描いたターゲットを手渡された。それは、軍隊でさえ滅ぼすと言われる、旧約聖書の失われた秘宝、「契約の箱」だった。

※筆者注：長文なので中略しているが、「九神」書のページ一七六・一七七をご参照願う。右記は原文ママ。

『旧約聖書』にも登場してくるように、「契約の箱」は多くの民を滅ぼすプラズマ兵器ともいわれている。モアハウスが、リモート・ビューイングを通して見たものが、果たして『旧約聖書』に書かれている「契約の箱」と同一のものだったかは別として、決してそばで見てはならない、そして近づいてはならない、火星のある洞窟の中にあるようだ。それは、単なる多くの人々を討つ兵器のみならず、何度も指摘しているようなトラップ装置ともなる多くの不気味な装置が、火星には隠匿されているのである。裏を返せば、闇のテクノロジーは、そこまで用意周到に人類を監視し地球へ閉じ込めていることの証左でもある。ETエアルは、『エイリアン・インタビュー』の中で火星の装置について詳しく語っている。

そしてもう二点記載しよう。本書（ページ四三〜四七―6参照）の火星に関連したものとして相関をなす、本書の巻末参考資料にある『タイム・アドベンチャー：モントーク2』ページ二二八〜二三一に、次のようなことが記されている。要約する。まず、一点目。

「アルフレッド・ビーレックとダンカン・キャメロンに、二度目の地下都市探査の指令が下った。（中略）〝太陽系ディフェンス・システム〟が存在していることがわかった。それは、太陽系外から侵入してくるエネルギー体のすべてを排除し、太陽系に存在する知的生命体を防御・維持するという、究極の防衛機構であった。彼らはこのシステムについての調査を命じられたのだ。しかし、このディフェンス・システムの機能は、一九四三年に停止した」とある。一九四七年といえば、ロズウェルUFO墜落事故でETエアルは拘束されている。筆者は、ETエアルらの介入によって、ディフェンス・システムが停止したとみている。

そして二点目は、モントーク・プロジェクトに駆り出されたモントーク・ボーイが、タイムトンネルを通じて、未来の四〇〇〇年先の荒廃した火星の地下都市で発見した物だ。それは、〝黄金の馬の像〟であった。「契約の箱」と同じく、人間が近づける物ではなかった。

「触ろうとすると、電撃のような衝撃を受けて跳ね飛ばされたと報告している。つまり、黄金の馬の像の周囲に張りめぐらされたバリアーのようなものは、エネルギー体を排除し、決して近づけないシステムで守られているということだ。そう、つまりその機能は太陽系ディフェンス・システムのそれとまったく同じではないか。」

……となる。筆者は、ETエアルが『エイリアン・インタビュー』で語っていることの信憑性が極めて高いことを明確にしたかったわけである。この「ET文書」は、真実の書であるといえるだろう。

※筆者注：**アルフレッド・ビーレック**：「モントーク・プロジェクト」の重要スタッフとして欠かせな

い、一九四〇年代から活躍したエンジニア兼、大超能力者である。

一九四三年八月一二日のフィラデルフィア実験時に、エルドリッジ号がテレポーテーションを起こした。フィラデルフィアからノーフォークへとテレポートし、再度フィラデルフィアへとテレポートしたというあまりにも有名な実験である。詳細は割愛するが、彼・ビーレックは、後に「減齢」技術によって生まれ変わったようである。なお彼は、次のダンカンの兄でもある。余談だが、初期には、かのニコラ・テスラも参加していた。

※筆者注：ダンカン・キャメロン：兄アルフレッドと共に、フィラデルフィア実験に従事していた。彼も超能力者であり、兄と共に火星での調査経験をもつ。

……以上、簡略して紹介したが、関心のある方は、本書巻末参考資料の「モントークプロジェクト①②」を読まれることを是非お勧めする。「ET文書」や「九神」書と併行して読めば、おもしろくシンクロしてくるのだ。

（7）「九神」は、多くの地球人に影響をもたらしている

「地球外知性」は、数十年間いろいろな名称を使い分け、現在では「九人会議」、あるいは単に「九人」の名で知られている。その影響は計り知れない。彼らはトップレベルの実業家や先端科学者、人気のエンターテイナー、ラディカルな超心理学者、軍部と諜報部の重要人物を掌握しているばかりか、ホワイトハウスにまで影響を広げているからだ。

「九人」とは、今日ではスフィア・ビーイング・アライアンスである。何度も指摘しているように、彼らは地球のトップレベルに多大な影響を常時与えている。それも単に数十年間ではなく、古《いにしえ》より、例えば、『旧約聖書』もユダヤ人が書き記したものを、闇が介入して改ざんしているのだ。彼らから見た人類は、地べたに這いつくばって右往左往しているアリのごとくに見えるだろう。

だが、人間のトップレベルとコンタクトしている以上、トップは、闇の本意をわずかながらも知っているに違いない。以下は、何かと地球内に干渉する「九人」の世界情勢への影響力の一片である。

エジプトのエネアッド（ヘリオポリス九神）を名乗る得体の知れぬ「九神」の霊が、ここ一〇〇年の間に、世界情勢に大介入し始めているという。彼らは霊能者を通信媒体として、引き寄せられてきた政治家や情報部を通して政策まで左右し、世界情勢に少なからぬ影響を与えている。

この方法で、ナチスドイツをはじめとするファシズム、最近では、ソ連邦の解体と東西冷戦の終結にも決定的影響をもたらした。（中略）差別され、敵とさえ言われる有色人種に著者は共感し、この隔たった危険な流れに警鐘を鳴らすのである。（傍線は筆者による）

彼らにとって、有色人種は「敵」以外のなにものでもない。かなり偏見に満ちた「九神」である。

「九人」らには、切理性も筋の通った論理的思考も、そして倫理道徳観もなく、ただ単に動物的原始レベルの感情と偏見があるのみだ。この偏見に満ちた邪悪な存在が、どうして唯一無二の創造主と言えようか……？

（8）神は、「九原理」の我々全体にほかならない

プハーリック（顔写真：「九神」書参照）はチャネリングを通して、「九神」からの託宣

を得た。

「全体を構成する九霊あるいは九面からなる一種の集合的知性」と「九人」は自己紹介した。プハーリックは「九人は人間の神観念は直結する。宇宙の管理者は九人の指令下にある。管理者と未知数の惑星文明との間に告知者がいる」と説明している。「九人」そのものは、「神とは神の九原理である我々全体にほかならない。我々以外に神はない」とお告げした。（傍線は筆者による）

以上からも分かるように、「九人」自身は「神」であり、我々以外に神はない！　と言っている。

「我々以外に神はない」と殊更に強調するところが、まさに**「誰でも神である！　もちろんあなたもだ！」**という真実に対する偽りの裏付けでもある。

「九神」だけが神であることを人間に刻印しておかなければならない。彼らにとっては、自分たちのこれまでの策謀は瓦解してしまうことになる。

従って再三述べるように、「一なる創造主」なるものは、彼らにとって何度も何度も繰り返し繰り返し人間にすり込んでおかなければならない、最も重要な領域の洗脳工作にすぎないのである。自分らが意のままに支配したいがために……。

要するに彼らの言う神は単一（唯一無二）であることを指している。その単一とは、自分らの「九神」にほかならない。この「九神」なる者が、人間の前に直接現れるのだから図々しいにもほどがある。「一なる創造主」が仮に真実であるとするならば、広大な宇宙の中の極微な地球に現れるなんて、それ自体がそもそも子供だましの次元である。人類歴史は、当初からだまされているのだ。

（9）地球の隔離と人類への監視

ラーの資料には、「土星会議」と呼ばれる、地球の保護と隔離を行う組織が登場する。一九八一年一月二五日のセッションに、こんな言葉がある。

「数で言えば成員が変化しても定例会議は九人である。それをセッション会議と呼ぶ。これを支援する二四人が、求められる奉仕を提供する。これらの霊は忠実に監視する係で、管理者と呼ばれている。」

「地球の保護と隔離」、地球はまさにこの「隔離」だけにある。「保護」という言葉を付けておかないと、人間たちに疑念を増幅させ悟られてしまう恐れがある。それゆえに、取って付けた自己防衛のための文句として「保護」という言葉を名目上つけておくのだ。我々にとって、彼らが我々を保護しているなんてとんでもないことである。しかし、外敵からの侵入攻撃のための防衛保護はあるだろう。それが唯一、ETエアルたちドメイン軍であるのだが……。

彼ら「九神」の下には、人類を監視すべく管理者が存在しているようだ。エアルが言うように、IS-BEにはそれぞれの能力や力関係などに差異が見られる。だから当然「九神」の下には、上からの指令を忠実に実行していかなければならない配下がいることになる。だが、「九神」のページ二〇四には、以下のようにも記されている。

「九人」は一太陽系の管理者にすぎない。「九人」は太陽系の存在界を支配しているだけで、「ヒエラルキー」とも呼ばれる「一七〇人大白色同胞」という最高位存在がいる。

……なんだこれは!?　と言いたくなるが、一七〇人の存在については情報がないので展開しようがない。いずれにせよ、一七〇人の上にまた支配するものが存在しようが所詮は意識体のみの悪の存在であり、彼らが我が銀河系を牛耳っていることには違いないので、その事実を認知しておくことだけは非常に重要なことである。すなわち、我が銀河系を支配する存在は、意識体（霊）であり、その真実を我々は知っているという事実である。

……「白色」というのは、人類に置き換えれば白人種になる（地球内での捉え方として、「白色同胞団」は、イルミナティとしての意味にも置き換えられるようだ。参考まで！）。

多分、なんらかの重要な意味が隠されているのだろう。ここではまだ触れないことにしたい。後述する。「九神」の著者は次のように書いている。

「私たちが憂慮しているのは、顔を見せない陰の仕掛け人たちが、おのれの目標を遂げるために、彼ら（筆者注：プハーリックら）**の思想を利用しているということである。」**

「己の目標を遂げるために、……」。この言葉こそ、闇の言動すべてを表している。

また、ここに「土星会議」なる言葉が出てきている。この会議は、地球の地底都市にも存在している、四次元密度と言われている世界のヒューマノイドや地球外惑星のヒューマノイドたちも、時折この会議に参加しているとインサイダーは公言している。実際このインサイダーも、土星会議に参加した経緯をもつ。

※参考まで：地球の地底世界は空洞ではなく、蜂の巣状にあるのが正解である。

(10) 意図的なアトランティス大陸の滅亡

「九人」は、BC一〇八五〇年に、怒りからアトランティスを滅ぼした。

これに対しETエアルは、以下のように述べている。

地球の極軸が海域に移った。氷冠が溶け、海面が上昇することにより地球の陸塊の大部分が水没し、最も最近の氷河期が突然終わった。最後まで残っていたアトランティスとレムーリアの名残りは水に覆われた。ポールシフトにより、アメリカ大陸、オーストラリアと北極地域で動物の大量絶滅が発生した。

この大陸の消滅時期についても、諸説紛々であるからどれが真実なのかは分からない。なぜなら、ETエアルは「**アトランティスとレムーリアの名残りは水に覆われた**」と、〝名残り〟という表現を使っているからだ。そしてまた、ここで特筆すべきは、「**ポールシフトにより……**」と言っていることである。どういうことかというと、「**九人**」は、「**怒りからアトランティスを滅ぼし**」……それは「**ポールシフト**」によるものであったとの解釈が成り立つ。ETエアルは、大陸滅亡原因を自然の天変地異と見ているが、「九人」による意図的人工的な壊滅であったのだ。彼らのテクノロジーは凄まじいなどというレベルのものではない。だからこそ、彼らの存在を看過するわけにはいかない。ＥＴエアルが勘違いを起こしているのは、ドメイン軍（ＥＴエアルたちの軍事組織）が地球の歴史についてそれほど把握してはいないからだ。これはエアル自身が語っていることでもある。

だが筆者の見地からは、彼ら闇はこれまで述べてきた通り悪魔的存在である。とても恐ろしい存在であるのだ。地球人類はこれを見抜けずにいるから、歴史的に何度も何度も破壊し尽くされているわけで、地球の実態というものが人類には一向に目に見えてこない。この「九人」の数々の所為《しょい》が、すべてのキーワードとなってくる。そのことをしっかりと念頭に置いて読み進めていただきたい。そしてまた、彼らを頂点とした大局的俯瞰をして読み進めていただきたいのである。こうして数々の引用をし、それを解読していくことでしか、彼らの実態を暴くことは不可能である。

(11) 黒人だけが、被支配者として仕える存在

宇宙のどんな存在も、自由意志の喜びと責任と遂行を経験するために、ある時点で地球に生まれなければならない、宇宙のどこにもそのような場所はない。『唯一の選びの惑

星』という書名が選ばれた理由がここにある。他のどんな文明も「九人」に従属する。地球の各種族は、自由意志の実験のために創造されたが、黒人だけは被支配者として仕える存在だ。

黒人は、「地球先住民」と言われているように、他の民族とは異なり宇宙の神に属するものではない。この実験は「先住民が入植者と比べてどれだけ進化するかを確かめるためのものだった。」

これは自分らの都合のいいように人類をだまし込むために正当化しているだけであって、真実とは真逆の論理である。

欺瞞は、最後まで押し通さなければならない。ETエアルの語りと比較検討すれば明白である。

地球人類は、本当に「**自由意志の喜び**」を体験しているだろうか？　もしそのことに共感する者がいたとしたら、それは地球の実態に対する無知から生じている、洗脳された自己の信念体系にほかならない。

アフリカの民族をはじめとする多くの人類は、果たして彼らに真の自由なるものが存在しているると言えるだろうか？　日本の自殺者も年々増加するばかりであるが、これも自由意志の喜びになるのだろうか？　世界の大富豪は、地球人類の一パーセントともいわれている。その彼らが、我が地球を牛耳って操作している、という真実をどう説明すると言うのか？　彼らの多くが白人種である。無知なる人間の大半は、自由を謳歌していると思い込んでいるだろうか？　人間とは、考えることだけでなく疑念を抱いて生きることが重要なのだ。疑念が欠けてしまった人生は、牧羊犬に従うだけの知能の小羊にすぎない。

なぜ黒人だけを、地球先住民として創ったのか？　なぜ黒人は、宇宙の神に属さない被支配者としなければならないのか？　全く根拠も何もない、単なる感情レベルの欺瞞口調にすぎない。

毒を吐き出す者は、永遠にそれを言い続けなければならない。奴らの当初からの人種差別化（特に黄色人種に対して）の意図的設定そのものが真実の自由意志の喜びではなく、独断と偏見を当初からもった悪意ある彼らの自由意志の喜びにすぎぬ。それはまさに独裁である。その独裁そのものが、我が銀河系全領域を統治支配し、そして電子トラップ装置でもってあらゆる民族の自由を奪いながら常時監視しているエンティティなのである。

……そういった実態の中にあって、果たして人類は、ごく少数を除き、自由を謳歌しながら楽しい人生を歩んでいると言えるのだろうか？　寿命は短命にされているのに……。奴らが語ることすべてが、腹の中に一物持った非論理にすぎず、それを洞察していくことこそが極めて重要である。

以下は、ほんの氷山の一角にすぎない。

「ＣＩＡは、一般人を完全にコントロールする――行動させ、語らせ、秘密を漏洩させ、指令を忘れさせる――薬物や秘教的手法を探る計画に数百万ドルを費やしていた。」

さらに、「人類はみなプログラムされた生物コンピューターである。プログラムできる霊としての本性から逃れる者はいない。文字どおり、誰もが自分のプログラムであり、それ以上でも以下でもない。」

だがシェークスピアは、名言を遺した。「九神」書には次のように記されている。

「われらを滅ぼさんがため、闇の使いはしばしば真理を語り、見せかけの誠意をもって説き伏せ、裏切りという深刻な結末へと導く」

(12) 新しい根人種の出現

「ヒエラルキーが人類を水瓶座新時代に備えさせている。この動きは三段階に分かれる。第一段階は、一八七五年から一八九〇年にかけて、ブラヴァツキーとともに始まった。

第二段階は一九一九年から四九年。第三段階は一九七五年から二〇二五年まで続き、二一世紀のはじめに、大秘伝者といわれる世界教師が現れて、新しい根人種を出現させるという。

この筋書きは、ギザの記録庫の開放によって大秘伝者が帰還し、新人類が誕生するというエドガー・ケーシーの教えと酷似する。」

※筆者注：ブラヴァツキー：一九世紀から二〇世紀にかけて活躍した神智学者。

第三段階の一九七五年から二〇二五年までに（ここにも、既述している他と共通した年数を表示している）、ギザの記録庫の開放によって大秘伝者が帰還し、新人類が誕生するという。しかし、新人類の誕生前に、何かを起こす仕掛けを闇は必ず実行する。そうでなければ、新人類の誕生によって彼らが地球上に満ち溢れることはできない。そうでもなければ、旧人類は彼らと共生できるとでも言うのか？　ちなみに、第四根人種なる者は日本民族であり、第五根人種はアーリア人と記されている。従って、これからの新しい根人種は、第六根人種となるのだろうか？

『火星＋エジプト文明の建造者［9神《ザ・ナイン》］との接触《コンタクト》』のページ四一八には、日本民族について次のように書かれている。

「原爆が宇宙エネルギーを開放することによって新時代を切り開いた」さらに、核の閃光を「イニシエートの光」に結びつけた。「日本人は第四根人種の神経系を持っているので、滅亡する運命にある、日本国民への原爆使用を正当化する理由がここにある。」

……いかがだろうか？　この惑星地球は、まさに悪魔のエネルギーに席巻され尽くされた星である。この件についての具体的な記述は後に登場してくるので、取りあえずこの程度にしておきたい。本書の副題の中に、「日本民族は根絶やしにされる！」と織り込んでいるのも、客観的情報によるものである。

既述しているように、ギザの大ピラミッドの地下には、『旧約聖書』でいう「契約の箱」であるのかどうかは別としても、何らかの負のエネルギー装置が設置されていることは、闇の偏執狂的属性から考察しても決して不思議ではないだろう。この「契約の箱」なるものが設置されているとするならば、人類を討つ（一瞬で蒸発させる）ための兵器であるに違いない。とは言え、日本民族を総粛清するための兵器はすでに別な所に準備してあり、いつでも発動できる状態にあるのだが。後述する。

（13）光に協働しない者は、艱難辛苦をなめる

闇にとって、自分たちは「光」である。だから我々の真の正義というものは、彼らにとっては「闇」となるわけだ。よって、彼らが「闇」とする者は、一人残らずこの世から消し去らなければならない。その筆頭が、「日本民族」となる。彼ら悪魔の論理はそういう非論理だ。最大の予言者といわれるハータック（顔写真：「九神」書参照）に耳を傾けてみよう。彼は、「九人」との最大のコンタクターであった。

「光に協働しない者たちにとっては大艱難の時代になる」彼または「九人」の言葉を拒否する者全員が「闇の子供たち」なのだ。

ハータックの言う「大掃除」は、チャネラーのカーラ・L・ルカートを通して「ラー」が述べた教えの核心、差し迫った「魂の収穫」とも共通する。正しい魂の収穫は二一世紀初頭に起きるというが、これはキリスト教原理主義組織の言う「ラプチャー」（空中携挙）と変わらない。

※筆者注：**カーラ・L・ルカート**：本書の第二章（1）参照。カーラは、『ラー文書』中のチャネラー。

「**魂の収穫**」については「第二章（6）」に既述した。要するに、「九人」の者たちはごく一部を除いた人類総死滅を通して、この第三次密度の地球と同じ惑星へと魂をカプセルに入れて移動させるということを意味している。だがしかし、日本民族だけは第四根人種なので、その前に大粛清されて遥か彼方の片隅に追いやられるか、異なる銀河系に移行されるかの処置が取られることになるだろう。魂は永遠なので、彼らは魂までは消滅させられないのだ。奴らにとっては、日本民族もろとも魂を消し去りたいのだろうが、残念ながらそのようにはいかない。

余談ではあるが、昨今において、YouTube動画なるものが急速に普及（これも意図的なもので人類の総監視・管理である）しだした結果、YouTuberなるものが大人気を博している。登録者数次第では優雅な生活が送れるというシステムになっている。この一般的な特徴は、自分や恋人あるいはファミリーなどを通して（それ以外にもあるが）、映像化した動画を世界中に配信することで、視聴者の思いや意見を投稿させたりしながら生活の糧としているのだ。これには驚いた。もうなんと言ったらいいか、絶句・閉口である。これは一例ではあるが、彼らはすでに闇の世界のどん底にある。「自分」以外に興味はないのだ。この現象を「ゾンビ現象」と言わずしてなんと表現できよう。ゾンビ人間とは、外見的容姿などではなく、無知の深さにある。

「九神」書のページ三七八には、以上を総括する記載がある。

「神々あるいは宇宙人の到来は全くのつくりごとである。宇宙の神々は決して地上に降り立たない。到来が迫っているという期待そのものが、人類総管理を目指す仕掛け人の目標である。ギザでの動向は、衆人の目が注がれ、大啓示への期待がみなぎっている時に、最も魔術効果のある場所を支配するためのものである。大衆は神々が来ているという証拠を持てるだろうか。彼らは権威筋の言葉に頼らざるを得ない。だが、神々が来ないとわかっている時には、戒厳令下の大指導者の姿をとる。ほかならぬ地上権力の奴隷になっているだろう。」

仮にイエス・キリストが存在するならば、彼はまさに宇宙人であり「神」である。

しかし、そんな宇宙の神々は、地上には決して降り立たないし、それは創り事ですらある、と言っているのだ。「人類総管理」が目的なのである、と言う。アメリカの一ドル紙幣のシンボル・マーク「ルシファー」がそうではなかったか？　ルシファーの正体は、まさに「九神・九人」であるのだ。ルシファー＝九人（九神）であり、九神（九人）＝ルシファーである。これを区別してはならない。両方とも、全領域を監視し、そして人類を支配するものである。

【第四章】古代ビルダー人種とは

（1）古代ビルダー人種と彼らの痕跡

古代ビルダー人種と称する存在は、今から二〇億年以上前に遡る地球において、その当時から高度なテクノロジーをすでに持っていたようだ。その遺跡や痕跡は、今なお遺されている。

例えば、地球地下洞窟内には、氷によって閉ざされている。その中に巨大な宇宙船が存在し、船内からなんらかのエネルギーが今なお発せられ、それを感じ取ることができるようだ。

彼らのそういった遺跡は、方々で発見されている。例えば、インドの埋葬塚では、ある大きな石棺の中、もしくは石のようなベッド、祭壇の上に横たわり、眠った状態のままの王族と思われる何十人かの存在も確認されている。彼らの身長は一八～二五メートルほどもある巨人であり、洞窟内の石の階段の一段の高さが二メートルにもなるという。眠りについている彼らのことを、ステイシス（静止）人と呼んでいる。死んではいないが生きているわけでもない状態らしいのだ。

すでに彼らは、三万年くらいは経過しているとのこと。なぜそういうことが可能かというと、「時間のバブル」というテクノロジーがあって、彼らの進む時間を遅らせることができ、彼らにとっては二〇分ぐらいの睡眠しかとっていない感覚にすぎないようだ。

彼らの形跡は、地球のみならず太陽系の至る所で見ることができるのも特徴の一つである。

（2）彼らは一体何者か

既述したように、今日では彼らは意識体（霊）の存在である。彼らは、超古代よりすでに高度なテクノロジーを持っていたことから、少なくとも我が太陽系内においては敵なしの存在であったことは想像に難くない。

元来、彼らの出身地は金星にあったようだ。金星の情報は一切得られないとスピリチュアリストらは語っているが、それでも何かが現在もなお稼動状態にあるらしい。

金星出身といえば、既述したように『ラー文書』のラーやスフィア・ビーイング・アライアンスがそうである。

先ほど古代ビルダー人種は敵なしと述べたが、敵がいないということは、必然的に支配欲が生じてくる。そう、彼らこそ我が太陽系のボス的存在であったのだ。彼らは超テクノロジーのパイオニアであるから、少なくとも我が太陽系内の惑星に住むすべてのヒューマノイドたちを支配でき、統治していたのだ。

今日の地球人類のテクノロジーなど、彼らからするならば赤子レベルである。なぜなら、何十億年も前からすでに宇宙船技術を持っていたのだから、地球人の科学技術とは雲泥の差があることが分かる。従って、今日のスフィア・ビーイング・アライアンスとなった彼ら古代ビルダー人種は、超テクノロジーの開発によって意識体のみの存在に変容したものである。古代ビルダー人種は、突然姿を消したと言われているのもその根拠となり得る。

突然消えるということは突然いなくなることであるから、滅亡したのではなくテクノロジーを使って消えてしまったことの裏付けでもある。

蛇足ではあるが、過去の地球史から忽然とマヤ人（文明）は消失してしまったという歴史的事実がある。しかし、彼らは今も現存している。どこにいるのか？　それは惑星地球から最も近い惑星に居住している。スピリチュアリストの一人は、「私は、彼らとも地球外で交流を深めている」と語っている。我が宇宙領域には、無数の宇宙船やＵＦＯが飛び交っていることをお忘れなく。ただ肉眼では見えないように、クローキング技術を使っているにすぎない。見えないから存在してはいない、ということにはならない。彼らが姿を消す時、それは滅亡を意味していないことを筆者は言いたかったのだ。

話は戻るが、古代ビルダー人種においても滅亡したのではなく、現在はスフィア・ビーイング・アライアンスとして意識体（魂＝ＩＳ－ＢＥ）として活動している。

参考までだが、筆者は今から約二十数年前に、科学者Ａから三枚の連続写真を見せてもらったことがある。どんな写真だったかと言うと、ある一人の男性が一本の鉄の棒のような物の左右端部分を両手で握っている写真である。その長さは、その男性の肩幅より左右に五センチくらいは出ている長さの物だった。一枚目の写真は、彼の姿が全身写っている光景。二枚目の写真は、下肢全体が消えている写真。そして最後の三枚目の写真は、全身が消えてしまっていたのだ。これも一種のテクノロジーによるものである。地球レベルであってもそのくらいのことが可能になるのだ。まして彼らのテクノロジーときたら、何をかいわんやである。

本来闇グループは、肉体を持って行動していたことはすでに述べた通りだ。彼らはあまりにも超古代から活動しているから、当然テクノロジーにおいても超進化していくのは当然であると言えよう。そんな歴史的推移の中で、彼らは肉体を消し意識体のみになるテクノロジーの開発を成し遂げたか、あるいは我々が語る体外離脱現象として意識体となったのか？　……筆者は前者であると確信している。なぜなら、人類の体外離脱体験者の話は世界中数多く耳にするが、テクノロジーの欠如によって結局は肉体の中に戻ってこなければならない。すなわち、肉体という物体を必要としている。これが、テクノロジーに欠けた人類の実態なのだ。しかし、彼らは違う。超高度なテクノロジーに長けた存在である。物体の中に入って活動することもできるし、非物質としての意識体として活動することも可能である。要するに、ＥＴドメイン軍と同じ理屈である。彼ら二者が異なるところは、ドメイン軍は、肉体がもつ脆弱性からして、一貫した意識体の存在として活動しているところに違いがある。ただし、ヒューマノイドの眼前に現れて活動するときは、物体の中に入ることになる。闇グループは、意識体のみであった方が、ヒューマノイドを容易に統治・支配、そして管理しやすくなる。もちろん、ドメイン軍と同様彼らもヒューマノイドの眼前で活動する際は、物体の中に入ることになる。ともあれ、善とか悪とかは関係なく、ＩＳ‐ＢＥの属性として、大なり小なり皆が支配欲を兼ね備えているのだ。

(3) 彼らの意図するもの

彼ら闇は古来、我が銀河系の統治者である。そしてまた、彼らはなんらかの意図するものを維持し続けている。その意図するものが、地球人類にとって平和、進化へと導く善なる方向性があればよいのだが、残念ながら彼らの意図するものは、謀略、計略、策謀にあったわけである。

古代ビルダー人種は、約一八億年も前からすでに太陽系に防衛網、すなわちアウター・バリアーを張っていたといわれ、その技術は今なお稼動中だという。

スピリチュアリストらは、一般的にはバリアーなるものは、太陽系内のヒューマノイドたちの保護と、外からの侵入防止にあると語っているが、それは違う。最大の理由は、支配、統治、そして監視体制にある。なかんずく、惑星地球は刑務所惑星として指定されているから、輪廻転生を永遠に繰り返させるための、人類に対する呪縛装置としてのバリアーであるのだ。

こういったことが洞察できないと、根本的に間違った方向へと自己の信念体系を走らせてしまう。悲しいかな、それがスピリチュアリストらの現実的で致命的な盲点となっている。

スピリチュアリストの最大の欠点は、自己の暴露を通して、あたかも天下を取ったかのように、鬼の首を自慢げにぶら下げていることだ。そう信じ込んでいることで、彼らはあたかも自分の信念体系は頂点に立っているかのように、一般大衆に説教し続けている。だから、ますます闇は恍惚に浸り、自分らの計略を安心して遂行できるという具合になっていくのだ。少なくとも何百万年も前から実行している彼らの工作が、地球人には全く見抜けないでいるということも当然なのかもしれないが……。

そういう筆者だって、もし『エイリアン・インタビュー』との出会いがなかったとしたら、皆と同じ道を歩んでいたかもしれない。しかし、すでに二十一歳の時には真理の探究に目覚めたわけだから、その長い延長線上にＥＴエアルとの出会いがあったとも言えるだろう。その前は、『ラー文書』であった。筆者は、ＥＴエアルの本を二〇回以上は読んでいる。裏を返せば、それほど疑い深く読まなければ納得はできないということでもある。従って、皆さんも本書をもっともっと疑念を投じながら読んでいただきたいと思う。だがしかし、この男（筆者のこと）が伝えていることは、今までになく信憑性が高いかもしれないと確信し得たら、自分の直感に従った残りの人生を歩んでいただきたいのである。強制的に馬を湖に連れ出しても、馬は水を飲むことを拒否するだろう。

【第五章】イベントなるものとアセンション

(1) イベントとは

世界的に著名なスピリチュアリストたちは、今後の地球と地球人類の動向やその推移をどう予測するのか？　について語っている。それが以下である。

大きな現象形態として近未来に起こるであろう、かつてないほどの強烈なエネルギーが、現在銀河系中心部から太陽を通過しながら地球へと入来してきている。もちろん、地球だけではない。それは二五〇〇〇年周期とされる。過去に二回その現象は起きており、今度が最終段階の三回目であって「**人類の区分け**」が生じるというものである。その時の最大エネルギーが降りかかる全エネルギー形態を、「**ソーラー・フラッシュ**」と呼ぶ。このソーラー・フラッシュは、降り注ぐ今日のエネルギーの一〇〇倍以上ともいわれている。

その強烈なエネルギーの入来によって、人類のＤＮＡや霊的レベル、そして精神レベルが進化するという。と同時に、それまでネガティブ思考だった者たちは、強烈なエネルギーに耐え切れず、いったん死を迎えることとなり、従来の地球と同等な周波数域（第三次密度の世界）に見合った他の惑星へと魂は移行されることになる。このようにスフィア・ビーイング・アライアンス自身が語っている。

スピリチュアリストたちは、ソーラー・フラッシュの到来を〝**イベント**〟と称している。イベントによって、その後何がどのように生じていくのか？

1）これまで長い間隠蔽されてきた数多くの歴史的欺瞞情報や真実の情報が、一斉に人類の下に晒されることとなる。大量の情報を一気に暴露（ディスクロージャー）することを、「**データダンプ**」と称している。少量ずつの情報を段階的に暴露していくべきだ、と甲高い声を上げているグループ（秘密の宇宙プログラム）も存在しているようだ。なぜなら、過去のそれぞれの自己の非を暴露されるのを警戒しているためだ。だが方向性としては、データダンプへと進むだろうということである。

2）これまでのネガティブな世界だった地球と人類は、すべてがポジティブな一見ユートピアの世界へと移行し、飢餓や餓死、そして病気さえ消失し、戦争のない平和な社会が訪れる。ヒーリング医療装置なる機器によって病気は完治していくので、寿命は今より遥かに長くなる。

3）従来の石油やガス・石炭などの化石燃料や身体に有害な影響をもたらしていた電力の代替物として、宇宙に存在する無尽蔵で無償のエネルギー（フリーエネルギー）使用によって、我々は無害で健康な豊かな生活を安心して送っていくこととなる。

4）いずれ貨幣制度の終焉とともに、お金を全く必要としないなんでもありの世の中へと変遷していく。

それは、レプリケーターなるハイテク機器を使った無から有が出せる3D装置がすでに実在しており、食物さえもその機器が創り、なんでもありとなる。このレプリケーターは、紙幣さえ創り出せるので貨幣制度そのものの存在価値が必要なくなり、よって貨幣制度の終焉が到来するというものである。貨幣制度の崩壊は、すなわち奴隷制度の終焉を意味しているというのだ。

5）やがては、宇宙には地球人だけが存在しているという妄想が覆され、何千万年も前から地球の地下深くに住んでいる地球出身の知的生命体や、地球外知的生命体との公式対面が行われ、晴れて地球人類は銀河連合（宇宙連合）の仲間入りへと合流を果たすというものである。

6）秘密裡に、ごく一部の地球人もすでに利用している宇宙船やＵＦＯにも、人類は乗船可能となり、楽しい宇宙旅行が無償で実現可能となるといわれている。

7）やがては、個人の希望によって他の惑星へと居住可能となるようだ。すでに私たちの太陽系内外には、そのためのインフラ整備も整えられているし、現に、すでに地球から離脱している数多くの地球出身者も、各地（太陽系内外の小惑星など）のコロニーに何百万人と住んでいるといわれる。現時点では最高機密扱いにされてはいるが……。

以上であるが、いかがだろうか？「イベント」の概観だけは記しておいたので、概略を掴んでいただけたのではないだろうか。我々が知っている情報は、氷山の一角であることを付言しておきたい。

さて皆さんには、ここで大きな疑問が生じてくるであろう。それはどんなことか？もし、前述したイベントなるものが本当に到来したならば、人類にとってこれほど幸せなことはないではないか？　それなのになぜまだ疑念を有するというのか？　……確かにその通りであろう。

肉体を持って生きている限り、それ以上望むべきものはないはずである。しかし、先ほども述べたように、我が地球は進化段階において最低レベルの宇宙領域に属している。ということは、いずれは霊的進化の梯子を上へ上へと一歩一歩上っていかなければならない、必然的運命に置かれれているわけである。いつまでも現状維持に甘んじているわけにはいかないのだ。

人には、それぞれの物質脳的能力の差異があるごとく、霊的にもその格差がある。否、むしろ霊的能力こそ、真実の進化領域なのである。どんなに頭脳明晰だからといって、そのことが霊的な進化に繋がっているわけでは決してない。ポーカーフェイスよろしくインテリ面をしていたからといって、ますます物質的な欲望の世界に深くのめり込んでいくだけの話である。

高学歴になればなるほど、利害関係しか頭にはない。一流大学出身だからといって、そういう輩の意識の視点は一体どの辺りに位置しているというのか？　宇宙の中のどの位置に自分の意識を持ってきているというのか？　毒を吐き捨てながら、口角泡を飛ばすで、真理や真実からはほど遠くなるばかりである。それは完全なるエゴ範疇の無知を意味している。何度も述べているように、ここ地球は、洗脳され偽情報をすり込まれたゴミ捨て場としての奴隷惑星であることを肝に銘じておくべきである。狭量で無知な輩が能書きだけを垂れ流しにしている低次元の集合意識領域、それがここ惑星地球であるのだ。

宇宙の中でも地球は、極めて例外的な場所として意図的に設定し指定されている。

地球の人類はあまりにも無知ゆえに、学んでいかなければならないことが無数にあるというのに、未だ霊的胎児レベルに置かれている。自分さえ良ければ、という想いはあまりにも身勝手なことである。そういった人間が、地球には少なくとも九八パーセント以上存在している。だからいつまで経っても地球以外のヒューマノイドに後れを取り、唯一地球だけが他の惑星から隔離・閉鎖状態にされているわけである。そういった事実に一切気付かないから、もう致命的である。何を論じようが、自分らには一切関係ないこととして無視を続けている。地球はそういう者たちで満ち溢れた惑星である。地球の人間は、ゾンビになって久しい。

そのイニシアティブの音頭をとっているのが、なんと日本人である。表層的な物質的執着性＝無知蒙昧＝ゾンビ、という構図で成り立っている。その中には、やれ漫画だとか、アニメだとか、〇〇オタクとか、グルメ志向とかの、今日の日本の総体的文化を如実に物語っている数多くの感覚的趣味嗜好で溢れている。モダンな近代的建造物やハイテク産業と古式伝統文化などを絡めた現代文明が、外国人の超人気志向的現象として暗黙の了解の下、外国人を誘導し、それが社会現象として人気となっているのである。彼らの頭の中は、物質欲の塊なのだ。その頂点がお金ではあるのだが……。

進化することに人間性とか人間らしさなどという言葉は一切必要ないこと。真実や真理の世界は非常に厳格なものである。だから真実や真理という言葉は誰しもが避けたいものであり、面白いものでは決してない。〝俺はそんな難しい話など聞かない方がよかった！〟とか、〝君こそだまされているんだよ！〟とか、もう話にならないレベルにあるのだ。

……以上七項目に分けて述べたが、これらも皆、闇の狡猾さによる策謀の一環である。

（2）果たしてアセンションは起きるのか

アセンションとは、スピリチュアル世界では一般的に地球と人類の四次密度への次元上昇を指している。先述しているように、現在地球は、第四密度へとすでに移行しているという。しかし、肝心な人類がその密度についていけない状態にあり、未だアセンションを果たせない状況にあるともいう（これも全くの詭弁だが）。

既述したように、『ラー文書』のラーによれば、アセンションできる人類は極少数である、と質問者に返答している。現在六五〇〇万人のワンダラーなる者が、人類に対するアセンション支援のためにこの奴隷惑星に危険を承知のうえで転生して来ている、とラーは語っている。しかしそれでも、アセンション可能な人数はごく限られている、とラーは言っているのだ。ラーについての狡猾な性格やさまざまな謀略的手法に関しては、大まかにすでに述べた通りである。

（3）イベントとアセンションとの関連

「イベントとアセンション」……これを首肯している人へ。残念だが、これはいわばカラクリなるものだ！　あなたは、まず黄色人種だ！　黒人種も望めない。もしかしたら、一部の黒人種（アフリカ系アメリカ人限定）は使役労働者として使われるかもしれない。

結論を先に言うと、イベントとかアセンションとかは絶対に来ないのだ！　これは全くもって闇が仕掛けている洗脳工作の一環で欺瞞工作にすぎない。そんな戯言よりも、彼らのこの策謀にいち早く気付くことが何よりも先決だ。

イベントとアセンションは、まさに建前なのだ。すでにこれまで展開してきたように、スフィア・ビーイング・アライアンス（すなわち、「九人」）は、我が銀河系の頂点に君臨する存在。そして彼らは、古代より人類に対し、常時介入してきているという事実。我々は、極小の地球、その中のまた極微の一人ひとりの存在。

そのちっちゃなアリみたいな存在が、どうしてスフィア・ビーイング・アライアンスの謀略が見抜けるというのか？　それは絶対に無理な話だ。白人らの情報に、いつまでも翻弄されていてはいけない。我々は白人種ではないのだ。特に日本人は、「人間だからなんでも考えたり思ったりしていることは皆同じだろう」と思って大きな錯覚をしてしまう傾向がある。それが最大の致命的欠陥であるのだ。

感性から言語から伝統文化からすべてが異なるのだ。日本民族だけは、この地球でも異質な民族である（多くの外国人が公言している）。だから、人間だから皆同じだ、なんて安易な思いを描いていてはいけない。

アセンションなるものも、一種の宗教だ。あなたたちは、その宗派の強烈な信者にすぎない。後述するが、本当に日本人は異質な民族であるのだ。魂が異質ということだ。日本人以外の他のあらゆる民族の魂レベルは、どんぐりの背比べでしかない。それでもだまされていた方が快感なのか？　その道を選びたいのなら、あなたはすでにゾンビ軍団の仲間入りをしていることになる。

なぜ真実から離れたいのか？　なぜだまされていた方が、気持ちがいいのか？　あなた自身、闇の陰謀が見抜けないからと言って、どうして闇に力を与えるのか？

何度も言うように、我が銀河系のボスである、スフィア・ビーイング・アライアンスの命令の下、下位レベルの実働部隊は命令通りに動かなくてはならない。とにかくイベントやアセンションは、人類をだましながらある一定の方向へと煽動している、いわば嘘も方便としての眩惑工作にすぎず、それが真実を物語っていることに気付かなければならない。

彼らの意図は全く別なところにあるとだけ述べて、ここでは結んでおきたい。

【第六章】すでに地球圏外で、ごく一部の人類は活動している

（1）秘密の宇宙プログラムの源流

秘密の宇宙プログラムの源流は、特に一九三〇～四〇年代にドイツから始まったという。ドイツには秘密結社なるものがあり、そこではオカルトを通してチャネリングなどをやりながら、地球外生命体の情報を得ていたという。彼らの特徴として、科学とオカルトとの双方から研究を進めていた点が他国（特にアメリカ）とは異なることだ。

ある時は、チベットへ赴いて古文書や遺物を探し求めたりしていたという。古代のヴィマーナ（Vimana）なるクラフト（宇宙船）を皆さんご存知の方もおられるかと思うが、古文書を基にそのクラフト開発を試みていたようだ。ちなみに、日本の古文書の中にも、ヴィマーナのことが紹介されていると、古文書研究家は動画で語っている。

彼らの中心的人物は、かの悪党ヒトラーを思い浮かべるが、実質的な実権を握ってヒト

ラーの裏で暗躍していた人物がいる。それはナチス親衛隊の最高幹部ハインリヒ・ヒムラーである。ヒトラーは、表の顔としての役割を持ち、アーリア人の優生学を掲げて一般大衆を煽動していく役目を担っていた。一方ヒムラーらは、そんなヒトラーの陰に隠れて「地球離脱文明」を構築すべく宇宙船などの開発をしていた。それに向けて、異星人からの直接的指導や協力を求めつつ、協働しながら諸々のテクノロジー開発に邁進していった。

その異星人とは、蛇のような眼《まなこ》をした爬虫類似の**ドラコ**（王族の身長は四メートルほど）とその配下の**レプティリアン**（爬虫類人）であり、彼らは高度なテクノロジーを持った知的生命体で、二足歩行する人型爬虫類人である。そして地球人似の北欧型で、高身長（主に二・四メートル）の知的生命体らが主流となっている。

技術開発の主たる場所は、南極の地下基地をはじめ、ブラジルや南米の各地下基地やドイツの植民地などで、そこで秘密裡にテクノロジー開発にあたっていった。中でも南極には、巨大な地下軍事基地施設があるという。

まず彼らが地球外へ行った場所は、地球の衛星、月（ルナー）である。現在は月の司令部として地下施設を築いている。月には、少なくとも一五種族の異星人からなる地下基地が存在し、上空からは建造物が見えないようにクローキングなるテクノロジーで隠している。

古代において、月では異星人同士の戦争もあったようだが、戦う無意味さを悟って現在争いはないようだ。当時の荒々しい形跡が、遺跡としてそのまま保存されている。地球人が最初に月に行った時は、縄張り争いに遭遇し一時撤退も余儀なくされたが、レプティリアンの従属に入ることで、地下基地に司令部を設置できたようである。

そしてさらに目指した惑星が、火星である。火星の表面は、古代に生じた核兵器戦争のため、人は住めない状態（砂漠地帯）にあるが、地下基地には多くの施設があり、先住民も住んでいるといわれている。地球人としては、重労働者（奴隷）として地球から誘拐されてきた多くの人々や、だまされて火星に移住させられた研究開発に携わる多くの科学者、エンジニアたちがいるという。当時においてかの有名な「ペーパークリップ作戦」なる大勢の科学者の大移動が行われたのも、以上のような状況下であったわけである。

現在は、彼らの子孫の数も増えたが、地球へは二度と帰還できない奴隷としての過酷な扱いを、今も受けている。現在では、火星にも多くの地下基地施設を構築しているといわれている。

火星での地下建設と並行しながら開拓していったのが、古代において核爆発によって破壊されたマルデックという元惑星である。この惑星は、当時火星と木星の間にあった。地球よりも大きい惑星である。それが闇の意図的核爆発使用を通して方々の惑星へと飛散し、現在は火星や木星などの衛星となっている。例えば、火星の衛星「フォボス」や「デイモス」、木星の衛星「イオ」などがその代表的なものだ。これら飛散した諸々の破壊石を、総じて「**小惑星帯**」と称している。

これらの小惑星の中に、居住施設や技術開発のための施設を建造していったのだ。人が居住するにふさわしい完備された小惑星を「**コロニー**」と称し、現在ではインフラ整備しながら太陽系外にも侵出を果たしている。そのコロニーの数は明らかではないが、相当数が建造されているようだ。

アメリカの当時の大統領トルーマンやアイゼンハワーは、スパイを通してドイツ人の実情を探り、その後はドイツ人と接触交渉を経ながら、関係を深めた。特にアメリカ大企業（軍産複合体）のドイツ人への接近によって、協働して大宇宙インフラ整備の構築化を掲げて宇宙開発が展開されていき、今日に及んでいる。

彼らの技術革新は極めて目を見張るものがある。例えばジェット飛行機の速さにおいても、地球上ではせいぜいマッハ三〜四程度であるが、地球外ではマッハ二〇〜二一の超高速技術を駆使しているのだ。トンネル掘削機の規模も凄まじく巨大だったり、とにかく驚嘆という以上のハイテクノロジーを持っている。

彼らは当初から、南極基地において主に自然界のスター・ゲートを通して、瞬時に他の惑星へとワープ移動しており、大型戦車はもちろんのこと、多くの人間を一括して送り込めるテクノロジー開発はすでに存在し、頻繁に稼動している。以上のような秘密裡に行っている宇宙プログラムを、「秘密の宇宙プログラム」と称している。他にも多くの組織が存在しているが、この書の本旨から若干逸れるので、秘密の宇宙プログラムを一例として以後も展開していきたい。

（2）「秘密の宇宙プログラム」は、闇が工作したプログラム

このタイトルが示すように、実はこの「秘密の宇宙プログラム」には長大な陰謀が暗示されているのだ。闇による陰謀計略である。

今日ではスフィア・ビーイング・アライアンス（分かりやすく以下「**九人**」と表記）なる存在が我が銀河系を支配統治し、自由気ままにヒューマノイドをコントロールしているという事実がある。この「九人」が、地球の歴史にも逐次干渉してきたことは先述した通りである。従って、この「秘密の宇宙プログラム」なるものを、彼らが傍観していることなど考えられない。

結論を先に言えば、これまでのすべての地球史の大規模な計画は「九人」の介入、そし

て指示（指令）によるものである。ただ、地球人類は宇宙の中でも最下位レベルに属しているため、「九人」の存在が見えないし、明らかにもされないだけの話だ。しかし、地球のトップレベルのチャネラーは、「九人」との交信は健在であるから、彼らとの意思疎通は今日も進行状態にある。

「九人」が敵愾心を抱き続けているのは、「**黄色人種**」である。従って、白人種の中に黄色人種を入れることは絶対に許されることではない。彼らは、肉体を持った我々とは根本的にイデオロギーも異なるレベルにある。現時点においては、黄色人種も何かと秘密の宇宙プログラムに参画しているものの、それはインフラ整備が完了するまでの間であって、「ご苦労さん、ようやってくれたね！」で、即暗殺されてしまうのが落ちである。それまでは、一見人類皆平等であるかのごとくして、実際は使役労働者として使っておくための奴隷にすぎないのだ。用が済めばハイサヨナラ！　である。最上の誉め言葉や、自由・平等・博愛といった美辞麗句は、人類を洗脳させるのに最も効果的な眩惑工作の言葉である。

（3）闇とアセンションと秘密の宇宙プログラムとの関係

アセンションの概要なるものについても述べてきた。

このアセンションなるものは、まず全人類に対する呼びかけであった。覚醒さえすれば、人類が第四次密度へと次元上昇を果たすことができるよ！　というものである。しかし覚醒しなかった者は、従来通りの第三次密度の地球に似た惑星に、「死」を通して移動させられるよ！　というものでもあった。

ところが、それも実は計略の一環としてであることが判明したのだ。結論を先に言っておこう。アセンションなんて、全くの大嘘なのである！

それでは、「九人」にとっての本意はどこにあるのか？

そう、実はアセンションとは、「秘密の宇宙プログラム」として地球圏外への移行を指していたのだ。「収穫される者はわずか」だと、ラーもスフィア・ビーイング・アライアンスも同じことを言っている。わずかな数であるから、白人種限定なのだ。その任務遂行的立場にある上層部はすべて白人である。その白人種だけを闇は好む。それ以外は、「**役立たずの無駄飯食い！**」と彼らは言っているのだ。

その白人種の中でも闇が最も好みとするものは、「金髪碧眼」である。ヒトラーは、金髪碧眼のアーリア人だけを優生学的民族とし、世界を席巻しようと試みたが失敗に終わった。

アメリカでは、年間の誘拐・蒸発事件の件数が、一〇〇万人ともいわれている。あるいはまた、皆さんの中には、『**モントークプロジェクト：謎のタイム・ワープ**』と『**タイム・アドベンチャー：モントークプロジェクト2**』（巻末の参考資料参照）なる本をお読みになった方もいらっしゃるかと思うが、そのプロジェクトの実験で、誘拐されて駆り出されたのが全員金髪碧眼の少年たちだったのだ。

……お分かりだろうか？「九人」はそれほど白人種にこだわりを抱いていたのである。白人種以外は家畜同然（ゴイム）の劣勢人種であるとしているのだ。ちなみに、白人の中にもそう思っている連中は昔からいるし、現在も人種差別をしている者はごまんといる。ちなみに、闇のボスであるその中の一人（ゴールデン・トライアングル・ヘッドという）は、ヒューマノイドの眼前に現れる時は、その名が示しているようにゴールデン、すなわち全身金ずくめの姿をしている。身長は、三メートルである、とインサイダーは語っている。顔全体は現代の薄型テレビのようで、逆三角形を為している。目はブルーで一見可愛いキョトンとした眼であるのだが。

……まだまだ裏はあるが、取りあえずアセンションなんて嘘も方便で、真実は選別された特定の白人種に限られた地球圏外への移行を意味していたのである。

……以上が、人類に対する表面的な偽りの「**アセンション**」の意味となる。

（4）南極へと大移動している選別されたエリートたち

世界のマスメディアが絶対に報道してはいけないものの一つが、このタイトルである。点とか線とか、さらには面とかの視点で認識していても、銀河系全体から俯瞰しなければ、本当の真実を見抜くことはできない。そういう視点から見た〝**南極への大移動であり、地球圏外への白人種大移行！**〟である。

選別されたエリート白人種は、すでに南極からのスターゲート・ポータルを通じてワープ移動をしていることは、皆さんの中にはご存知の方も多くおられることだろう。ファミリーや家財道具を携えて、隠密に移動しているのだ。すでに築かれた地下トンネルなどを利用しての移動である。地下には、超古代に構築された地下トンネルが全世界に網羅され、一瞬で移動するリニア・モーターカー似の交通機関も地下には配備されており、この移動手段に負うところが大きい。近くに湖があったとしても、水中内での移動もできる。周辺の住民たちには一切気付かれることはないという用意周到な移動である。すでに、地球外への移動数は計り知れないだろう。

前述したように、現在は太陽系内外には多くのコロニーにインフラ整備が構築されている。そこへ移動した彼ら白人種の生活こそ、まさにユートピアである。ここ地球の建造物とは本質的に異なる。なんの不憫さや不満も苦悩も存在しない理想郷の人生謳歌なのである。寿命も長命となって、いつまでも若々しさを保ち続けられ、病気もなく料理も作る必要など全くないテクノロジーが、すでに開発されて利用されている。しかし一切が、機密事項になっている。こういった地球外移動の出来事が、実は闇の言う真実の「アセンション」であったわけである。

従って、アセンションというものは近未来に起こる地球次元のものではなく、すでに以前から稼動している、限定された白人種の地球外への大移動を意味するものであった。この計画が完了するまでの間、無駄飯食いと言われる他の人種や、選別から外された多数の白人たちは、偽りの情報を真に受けて空虚な妄想を抱きつつ、幻のアセンションを未だに待望している有り様である。各宗教界の狂信者らと同じように……。

【第七章】「秘密の宇宙プログラム」と「秘密の宇宙プログラム同盟」

（1）「秘密の宇宙プログラム」と対比する「秘密の宇宙プログラム同盟」の結成

「秘密の宇宙プログラム」については記述してきたが、もう少し詳しく述べよう。

地球では**カバール**（正確には、サンヘドリン）といわれている悪の根源組織があり、その組織が背後で「秘密の宇宙プログラム」のグループを動かしているといわれている。ご存知の方も多いと思われるが、**故ブッシュ・シニア大統領**や金融界の大富豪**ジョージ・ソロス**、そして背後からは**ヘンリー・キッシンジャー**がその代表格だ。彼らは、ハザール・マフィアとも称される悪党どもである。中でもキッシンジャーは、地球外でのカンファレンスに顔を出しては、ドラコ王族らと深い繋がりを維持している。『ディスクロージャー』にレギュラー出演しているインサイダーは、現地でそれ（キッシンジャーとドラコ王族との対面状況）を目前で見た、とインタビューで話している。

それと対比するものが、「秘密の宇宙プログラム同盟」である。簡単にいうと、「秘密の宇宙プログラム」が〝悪〟のグループとするならば、「秘密の宇宙プログラム同盟」は〝正義〟のグループを標榜している。そこで、この相対立する二つの宇宙プログラムの関係に気付かないだろうか？　そう、いつもの常套手口である二極分化である。「分割して統治せよ！」なのだ。これは一体どういうことなのか？

「秘密の宇宙プログラム同盟」は、自分たちが今まで所属していた「秘密の宇宙プログラム」に反旗を翻して、そのグループからの脱退により同盟を結成し、新たに組織したものである。ではなぜ、反旗を翻して脱退する必要があったのか？

「秘密の宇宙プログラム」というものは、元来闇の組織である。特に一九三〇年代から始まったナチス親衛隊の地球からの離脱文明が発端となっている。彼らのテクノロジー開発に多大な影響を及ぼしてきたのは、以前にも述べた蛇の眼をしたレプティリアン（人型爬虫類人）の指導援助に負うところが極めて大きい。

北欧系ETのノルディック（彼らの波動も決して高くはない）なども協力してはいるが、基本的には、爬虫類人のドラコやレプティリアンの協働に負うところが大きい。日本民族からすれば、常識的に考えて人型爬虫類を善なるものとして受け入れるはずがない。彼ら

（ナチス）は生来、極めて邪悪である。「共振共鳴（波動）の法則」なるものがあるが、ナチス親衛隊とドラコとの波動を考えただけでも、彼らの邪悪性は全く共通していることが日本人であれば誰でも分かる。

後に、アメリカ政府やアメリカ大手企業も参入していくことになるが、はっきり言って彼らも邪悪である。いわゆる共振共鳴の法則でもって同調するから、地球外へと侵出していったのだ。そしてまた彼らの世界は、秘密主義が保たれなければならない。機密漏洩は、即暗殺の憂き目にあう。地球出身の地球外活動家らは、秘密守秘義務を終生にわたり一人ひとりが背負っていかなければならないため、君だけが特別であると洗脳されている。裏を返せば、自分こそが最高の人間であり、高度な情報を自分が一番持っているのだと諭される。一人ひとりに皆そう思い込ませて任務遂行に当たらせているのである。

しかしながら、時の経過とともに方々から欺瞞性の情報が漏れていき、実は「自分はだまされていた！」ということに気付き始める。そうして、一人ひとりが反旗を翻しながら「秘密の宇宙プログラム」から脱退し、新たなグループを結成していくこととなる。それが「秘密の宇宙プログラム同盟」である。「秘密の宇宙プログラム」は、内紛を起こして当然分裂していくことになる。

「秘密の宇宙プログラム同盟」は、これまで機密扱いにされてきた情報を、人類のために一度に全部情報公開すべき（データダンプ）である、という機運が高まってきた。近未来にアセンションが控えていることから（彼らはそう信じ込んでいる）、その公開時期を今か今かと待ち望んでいるわけである。

かたや「秘密の宇宙プログラム」は、一度に全部情報公開すると自分らが犯してきた過去の過ちを暴露されることになる。それでは都合が悪い。だから今後一〇〇年間を通して、徐々に情報公開していくべきだと主張しているのだ。段階的な部分的暴露をしていくことで、暴露された頃には本人たちは死んでもういないから、というものである。

……以上簡略して述べてきたが、ここで特筆すべきは、我が銀河系のボスらがこの場にも必ず介入しており、人々の眼前に現れては一人のチャネラー（インサイダー）を介し、指示命令を発していることだ。この場合は、「九人」のうち二人が必ず現れている。人間の前に現れる時は、物体の中に入って現れるのだ。

さてここで、筆者の視点から観察した「九人」の動向についてである。

「秘密の宇宙プログラム」と「秘密の宇宙プログラム同盟」との二つの関係についてである。結論を言うと、これはまさに「分割して支配せよ！」の論理に従ったものであると言える。

その理由について言及してみよう。

元来「秘密の宇宙プログラム」のメンバーたちは邪悪な者たちの集団で結成されているから、「九人」にとっては実に都合がよく、また波動的にもピッタリ同調している。「九人」の今後の計略遂行においてもスムーズに、かつ思惑通りに進行していったことであろう。ところがここへきて、「秘密の宇宙プログラム」に対し、反旗を翻す者たちが現れた。そこで「九人」が思案したのが、「分割して支配せよ」であった。何のためか？ そう、自分らの意にそぐわない者たちを炙り出すためである。

「秘密の宇宙プログラム同盟」は、人類のことを念頭に置いて活動していきたいという、いわば正義感をもった組織体である。「九人」にとってみれば、人間がいう善は悪であるのだ。いわゆる彼らにとっては、「反逆児」以外の何ものでもない。自分らの意に反する者は、たとえ天才的な科学者であろうが道徳家であろうが、容赦なく地球というゴミ捨て場へと送り込んできたという経緯がある。従って、「秘密の宇宙プログラム」から脱退していった「秘密の宇宙プログラム同盟」の反逆児を、今後も黙って見過ごしていることなど「九人」にとってはありえない。

（2）「秘密の宇宙プログラム同盟」の中の一人と闇との交信

今、彼ら「九人」は、「秘密の宇宙プログラム同盟」の一人である正直者のインサイダーとテレパシー交信によるコンタクトをとっている。そのインサイダーは、「九人」らが極めて狡猾な存在であることを洞察できないので、完全に神として崇拝さえしているのだ。何一つ疑うことを知らない。これは、他のスピリチュアリストだろうが誰だろうが皆崇拝こそすれ、彼らがまさか企みをもって地球の歴史を動かしていることなど知る由もないのだ。

「九人」がこのチャネラーを選んだ理由は、クリスチャンで正直者、そして嘘をつけない者だからだ。なぜなら、そういう実直な人間である方が、自分らの計略通りに事をスムーズに遂行しやすくなるのである。

人を上手に使うためには、とにかく褒めちぎればよい。例えば、「あなたの過去世は、私たちと同じ出身です。今回はある役目があって、地球に転生して来たのです！」と、奴らから面と向かって言われれば、そのインサイダーはコロッとその気になってしまうものだ。実際そのインサイダーが、インタビューで言っていることである。そうなると本人自身疑うことをしなくなる。同じ褒め言葉を一人ひとり全員に言われるから、皆が「自分は特別で選ばれた人間」だという錯覚を起こしてしまい、結果盲信してしまうのと全く同様な手口であるのだ。闇らのそういった手口は、まさに眩惑作戦以外の何ものでもない。

そこで、「九人」の謀略とは一体何なのか？　それは、「アセンション」や「データダンプ」などの近未来に起こるであろうイベントの仕掛けである。これは実に巧妙な手口であるので、皆さんが洞察することにはまず無理がある。アセンションなどを受け入れている者は、まず無理だ。思考回路として、すでにアセンションなどの枠の中に入り込んでしまっているからだ。

前にも述べたように、アセンションは戯言にすぎない。これを見抜いておくことがまず大事だ。人間レベルの問題ではないからだ。再三述べるように、彼ら「九人」の本意は、選別されたエリート白人種を地球外にまず移動させる。その後、地球にポールシフトを起動させて、残った「役立たずの無駄飯食い」の人類を抹殺してリセットさせてしまうことにある。そのリセット前に、世界中の日本民族は総なめで滅亡させてしまう。これが邪悪な彼らの真の策謀である。

それまではすべてが、眩惑作戦（撹乱工作）であることを念頭に置いてほしい。従ってそれまでの間は、アセンション到来という偽りのアメ（飴）を人類に洗脳流布しておくことで、真実の裏工作であるエリート白人の地球外移動とポールシフト惹起の真相を、隠匿しておく必要があるわけだ。そのためには、インサイダーを上手に手なずけておかなければならない。偽のアセンションなどの情報を世界中に流布させるために……。

このインサイダーは、闇の思惑通り、彼らに対して極めて従順であるから、「九人」から伝えられる内容を疑うことを一切知らない。だから彼は、アセンションやデータダンプなどを一日千秋の思いで待望しているのである。『コズミック・ディスクロージャー』のインタビューや自分のブログを通して世界中に発信しながら……。

それではなぜ、邪悪な彼らは正直者の内部告発者とコンタクトし続けているのか？　それは、「秘密の宇宙プログラム同盟」なる者は、闇にとっては邪魔だからなのだ。「秘密の宇宙プログラム」の活動を手こずらせている反逆児、言うなれば革命家なのである。「九人」にとってみれば、それ（反逆児）はいつの時代も許されざること。だからこれまでに多くの反逆児は、地球送りとなってきた。要するに、そのインサイダーは完全にだまされ、そして操られていることを意味している。彼は非常に実直な人間であるし、明日の人類の恒久的平和を願っているので、ブログを通して情報暴露を頻繁に行っている。

しかしながら、彼がそういった行動（情報暴露）を取れば取るほど、「九人」の琴線に触れることとなる。暴露情報量が増えれば増えるほど「秘密の宇宙プログラム」から「秘密の宇宙プログラム**同盟**」に切り替わる者が後を絶たなくなる、というわけだ。「九人」の狙いはそこにある。実は「秘密の宇宙プログラム同盟」のメンバー全員が、「九人」によって消し去らなければならない反逆児として、あらかじめ設定されていたのである。

そのために、「九人」は「分割して支配せよ！」の論理を設定実行することで、反逆児を炙り出していたというわけである。アセンションなんてもともと欺瞞である根拠がここにあると言える。

「秘密の宇宙プログラム」メンバーは、もともと邪悪な人間ばかりの集団である。そもそもの成り立ちがナチス親衛隊なのだ。この地球も「九人」の支配統治下にあることを忘れてはならない。未だにアセンション到来にうつつを抜かしている者は諦めるべきだが、これは宗教の一種であるから、妄信している者には何を言っても無駄であろう。今の世は、ゾンビ世界なのだから……。

最後に、整理してみよう。

闇の巧妙な手口は、すべて眩惑作戦である。自分らの意に反する者は、これまでもことごとく殺戮してきたという歴史的流れをもっている。先述しているように、今は二五〇〇〇年周期の最終期にある。いわゆる地球レベルのリセット時期が間近に到来していることを意味している。これらも、彼らの設定だ。

そこで、アセンションというだましの手法で、反逆児らを炙り出す必要がある。炙り出された人間は、皆白人だけをターゲットにしておけばよいのだ。なぜなら、それ以外の人種は、当初からゴミ（ゴイムとも）にすぎないから何も考える必要などない。

我々の視点からすれば、彼らはまさに悪魔そのものであるが、彼らの論理的視点からするならば、我々が「悪魔の子供」となるのだ。彼らにとって「秘密の宇宙プログラム」のメンバーは奴らの貴重な未来の戦士たちであるから、地球外に移動させて、取りあえずこれからの人生を大いに謳歌してもらわなければならない。あえて言うならば、それが本音としての秘密のアセンションであったのだ。我が銀河史というものを、そのようにして彼らは創ってきている。彼らは超古代において、すでに「惑星連合（宇宙連合）」なるものを設立している。

その惑星連合の中も、二極分化させている。一つは、劣った惑星の地球人類などに美辞麗句を投げかけては、人間はこうあらなければならないとかを説教する、金髪碧眼の美男美女が登場する。二つ目が、「アシュター・コマンド」という戦士たちからなる戦闘部隊要員である。その総司令官名は、アシュター・シェランという同じ金髪碧眼の男性である。従って、かたや説教組、もう一方は戦闘組として二分しているわけだ。戦闘組という言葉の通り、「秘密の宇宙プログラム」要員もいずれは戦士部隊へと吸収されていく。このことからも分かるように、所詮は権力者らの縄張り拡張争奪戦であるという一言に尽きるわけである。

本書の冒頭にETエアルが登場しているが、彼らも領土拡張のためと言っているし、防衛手段としての軍隊を持っている。その軍事名を「**ドメイン遠征軍**」と名乗った一個大隊は、今から約八〇〇〇年前に闇の帝国によって三〇〇〇名＋αが暗殺されて火星に連れられ、その後地球に廃棄されて生物体の身となって今なお地球内に呪縛されている、というわけである。幸いドメイン軍は「善」なる者である。彼らは必ず地球に戻ってくると言っている。闇にとっては、彼らドメイン軍が最も手強い相手であることを嫌と言うほど味わっている。なぜなら、彼ら（ドメイン軍）とのこれまでの宇宙戦争は惨敗しているからである。だから人類の最大の敵として、地球製グレイで人類をだまし続けているのである。

地球人類の頭脳は、話にならないほどお粗末なので「へェ～、バカみたい！」程度であるかもしれないが、遅かれ早かれ我が身に必ず降りかかってくることである。

闇にとっては、白人種以外は人間ではないのだから、平和という観念は、幻想であり妄想にすぎない。ドメイン軍のエアルは、五〇〇〇年後に地球にやって来ると言っている。それまでの間に、なんとか地球人類を解放する装置を開発できないだろうかと思案している。闇は、火星や地球を筆頭にこの銀河全領域にピラミッドを含むバリアーを仕掛けたり、洗脳装置などのあらゆる電子トラップ装置を設置したりしている。まさに将来の戦闘準備態勢を包含しつつ万全を期しているのだ。

再三述べるように、彼らの最大の敵陣はドメイン軍をおいて外にない。ドメイン軍も闇の連中も、同じ意識体のみの存在だ。双方とも、ヒューマノイドの眼前で活動する時は物体の中に入って行動する。ドメイン軍の軍事基地内には、宇宙ステーションが設置されていて大型宇宙船も存在している。ドメイン軍の基地は三カ所あるという。一つは我々の衛星、月（ルナー）、二カ所目は破壊されて今は小惑星帯として知られるいずれかのコロニー、そして最後に火星にも宇宙ステーションが設置されているようだ。

これまでの銀河間戦争においては、何千年もの間戦闘が繰り広げられてきた。超古代に存在したマルデックという元惑星も、そういった彼らの戦闘において闇による意図的核爆発により破壊された……。ちなみに、日本の古文書の中に、地球上でも核戦争が行われていたという記録があると、研究家は動画で語っている。しかし、彼はもちろんその真実が何であるかを知らない。

こんなことは人間レベルでできることではない。宇宙には地球人以外にはいない、などとうつつを抜かしている場合ではないのだ。こと地球人のレベルへ下がると、全く話にならなくなってくるからどうしようもない。ピントがずれてしまうのだ（読者以外の者を言っている）。

この地球上には、ＥＴグレイだけが人類の最大の敵として映画化されたり、漫画や雑誌などにも登場しているようだ。宇宙人と言えば、唯一、グレイだけを思い浮かべるように洗脳されている。プロパガンダの一環として意図的に仕掛けているのである。だから地球製グレイの生体ロボットを、早い時期から造っていたのだ。外見上は、捕縛されたＥＴエアルと瓜二つに……。

……少しはご理解いただけただろうか？　あまりにも規模が大き過ぎて我々には手の施しようがないのは事実だ。ドメイン軍にお任せする以外には、なんら手立てはないのかもしれないが……。

地球といい人類といい、どれほど小さな存在であるかが分かろうというものである。

そこのあなた！　自分の私欲ばかり気にして、俺は頭がいいんだ、なんてアホなことばかり気にかけているバクテリアにも満たない極小族は、もっともっと進化する必要がある。無知とは本当に恐ろしいものである。

【第八章】
魂を捕らえるトラップ（罠）

あるブログ（『コズミック・ディスクロージャー』）を読んでいると、「**私たちの死後に、魂を捕らえるトラップ（罠）はあるのでしょうか？**」という質問に目が留まる。

これは、世界各国から集まった地球人たちの地球圏外でのカンファレンスの中で、「九人」の一人に質問した内容である。この質問は、人類にとってある意味、非常に重要な事項の一つと言える。

あるハリウッド映画に、死後、広大な「お花畑」の中に連れていかれるというシーンがあるのだが、まさに明るい光の中に連れていかれたという感がある。ハリウッド映画も、大衆を洗脳させるためのプロパガンダ媒体にほかならない。死後の「光」は、仕掛けそのものである。人類は地球の中に延々と閉じ込められている。輪廻転生は、地球内でしか許されていないのだ。ＤＮＡ操作によって、寿命は話にならないほど短命にされてしまっている。だから、すでに長命可能なテクノロジーが開発されていても、一般大衆はそれを利用することなど一切許されてはいない。永久に短命で生きながら転生を繰り返すように操作されている。そのためには、闇にとって「光」を設定しておくことが重要なのだ。

このことを理解しておけば、「光」というものの意図がおのずから分かってくる。「**光は、トラップ**」なのであった。「**もし白い光のところに行くと、輪廻転生の魂のトラップに捕らわれる**」とも、質問者（地球人）は言っている。


「**私たちの死後に、魂を捕らえるトラップはあるのか？**」に対する、「九人」の一人の回答は、以下のようなものであった。

「**私たちが生きている間、その後も、遭遇するトラップは自分にかけたトラップだけです。白い光の向こうに魂のトラップがあるという概念は歪曲の定着したもので、そこから私たちは自分の意識の創造フォースをもって創造する力があります。それがこの歪曲の創造の意図です。**」

……皆さんいかがだろうか？　狡猾で白々しい回答をしていることは、誰にでも洞察できるだろう。このような回答の仕方が、闇の手法としての常套手段なのだ。この回答は、逆に解釈すれば「**魂を捕らえるトラップは、我々が仕掛けているんだよ！**」と、明快な回答を我々に与えているに等しい。奴らが吐いた言葉の背後を読み解くことが肝要である。

死後の世界において、自分自身が仕掛けたトラップがあるだろうか？　そもそも、トラップ自体に気付くことはないというのに……。まして死後において、自分自らがトラップをかけるなんて、冗談は顔だけにしろ！　と言いたい。我々が素直な気持ちになって耳を傾けようとしても、結局は闇自らが欺瞞を創り出し、筋の通らない偏屈な言い回しになってくる。

人間の死後において、まず現れてくるのが「光」であるようだ。それは罠（トラップ）である。

なんのためか？　何度も語っているように、地球から出さずにその中に閉じ込めておくためである。

短い寿命で輪廻転生を延々と続けさせていくための「**呪縛するための光**」であるのだ。我々一人ひとりは、それぞれ出身惑星というものを持っている。ただし、日本民族だけは、単一の惑星から一括して全員（失われたドメイン遠征軍の一員を除き）が島流しにされ、ここ刑務所惑星として設定された地球へと送られてきたわけだが……。日本民族だけは、闇にとって特異な存在として見ているから、まずは他の人類の一般的見解を先に述べる。日本民族については後述する。

全人類が出身惑星を持っていて、そこから地球へと送られてきた。なぜか？　闇の動機は極めて単純なレベルにある。要するに彼らにとっては〝気にくわない〟という薄弱な単一感情だけを理由に殺戮後、地球へと島流しをしてしまう。

犠牲者が地球に到着すると同時に、完全に記憶喪失にされたうえ、偽の情報や偽の時間（一例として、地球人類の誕生は、ここ最近原始人（原始生活）からスタートしたのだ）をすり込んでしまい、あたかも地球で誕生したかのように思い込ませてしまう。要するにそういった偽情報をインプットしてしまうのだ。先ほど言った「光」へと進みなさい、と言うのと同じ屁理屈である。

なぜそんなことをしたいのか？　それは、一人ひとりの過去の記憶（自分たち一人ひとりが、本当は出身惑星を持っているということ）を思い出させないためである。それには、記憶喪失状態にすることが最得策になる。万一過去の記憶を思い出してしまったとしたら、闇がこれまで行ってきた悪行が白日の下に晒されてしまうことになる。そうなることを、彼らは最も恐れているのだ。だからそうならないための愚策として、「光へと進みなさい！」なのである。

【第九章】人類はどこから来たのか?!

ETエアルが『エイリアン・インタビュー』ページ一一〇中段下部で語っているように、人類は皆この地球で誕生し進化したのではない。

一人ひとりが皆、自分の出身惑星をもっているのだ。しかし、闇のテクノロジーによって記憶消去されているために、地球で誕生したとして嘘の情報で洗脳されているにすぎない。人類が、それぞれ他の惑星から移動して来たという根拠は、次のようなものである。

本書のページ三七とも重複するが、皆さんの認識を深めていただくために再度記述させていただく。ご了承願いたい。

・言語の相違　・民族意識の相違　・伝統文化や各民族の文化様式の相違　・食習慣の相違　・服装の相違　・建築様式の相違　・倫理・道徳観の相違など色々な相違点が見られる。

このような多くの違いが、もし仮に、人類全員が地球出身者だとすれば、その違いをどう説明すればよいのか？　辻褄を合わせるにはあまりに多くの矛盾が生じてしまわないだろうか？　真理に矛盾があってはならないのだ。人類は、地球で誕生したものとしてあまりにも深い洗脳で釘付けにされているため、そういった嘘の観念から脱皮を果たすことは困難である。創造主は唯一という固く洗脳された観念とまったく同じことだ。

闇が開発した洗脳装置をはじめ、多種多様な装置が、地球や火星その他の宇宙空間にもたくさんある。唯一地球だけが刑務所惑星として指定されているから、人類の洗脳度合いは非常に奥深い。

そういったことを筆者が語れば語るほど、皆さんは拒絶反応が強くなるばかりだろう。だから、〝お願いだから分かってほしい〟などとは毛頭思ってはいない。皆それぞれ霊的進化の度合いが異なるのもこの地球の特徴と言える。筆者は本書に、単なる事実を残しているだけの話である。

話は戻るが、地球には、さまざまな人間が住んでいる。庶民を奴隷としての観念しか抱いていない政治家ら、人を平気で殺す者、人肉を喜んで貪り食す者、争いや暴動ばかりやっている者、その逆に、真摯な天才科学者、優れた技術家、倫理道徳家、建築美術家、天才ピアニスト、ミュージシャンなど、実にさまざまなジャンルの優れた人々で溢れ返っているのもまた事実である。ETエアルが語っているように、二、三歳頃からピアノを弾き始める幼子を、過去世の実在抜きにしてどう説明すればよいのか？　天才科学者は、今世だけで積み上げた能力ではないのだ。彼らは、これまでの多くの自分の歴史を経ての今があるのである。仮定としてでも良いから、どうか皆さん一度立ちどまって熟慮されてはいかがだろうか？　その方が、論理的にも道理が合うのではなかろうか……私たちは、他の惑星から来た！　という命題を意図的に設定して、これまでの自分の過去の歴史と照合しながら考察していただきたいことを切望するものである。

【第十章】果たしてルシファーは存在するのか?!

(1) ルシファーとは

皆さんの中には、悪魔の筆頭とも言うべき最高位の堕天使ルシファーなるものが、どれほど邪悪に満ちたものであるのかを、ご存知の方も多くおられることだろう。この悪魔は、『新約聖書』には、頻繁に登場してくる**サタン**としての名でも知られている。

悪魔という観念は、日本人にはあまり馴染みのないものといわれている。イエスと悪魔サタンが登場する押し問答の対決でも有名である。これも対極として創られているが……。

そんなサタンが、悪魔儀式の中にも登場する。その儀式を通してサタンを闇の中から召喚し、生の人間を生贄(腹を割いて内臓を食したり、血を飲んだりなど)として捧げる、というその状況を撮影した写真も撮られている。もちろん人間の目には見えない邪悪な存在であることに変わりはない。そんなサタンのルシファーであるが、果たしてルシファーは本当に実在しているのか？　以下、解析してみよう。

（2）ルシファーは意図的に創作された架空の産物

ルシファーの名を知る人は、疑念の余地がないほど多くがルシファーは実在する、と確信して止まないだろう。

アメリカの一ドル紙幣にシンボルとしてピラミッドが描かれている。この詳細については他書に譲るが、ピラミッドと目の図があることはご存知だろう。最上部に描かれている左目は、「**プロビデンスの目**」であり、「ウジャトの目」をルーツにもつ。「**ルシファーの目**」としても知られる。右目は、太陽の象徴とされるホルスの右目「**ラーの目**」を描いたもの（要するに「九人」のラー）である。要するに左右の目は、一体であることを意味している。

ルシファーは獣の数字を表し、その数字は「**666**」である。オリンピックのロゴマークやバーコードの中にも隠されている。ちなみに日本国の番号は、「**49**」という不吉な番号が意図的に付けられている。〝死んでも苦しめ！〟あるいは「死ね！　苦しめ！」であろうか？

料金受取人払郵便

新宿局承認

1409

差出有効期間
2021年6月
30日まで

（切手不要）

郵便はがき

1 6 0-8 7 9 1

1 4 1

東京都新宿区新宿1－10－1

(株)文芸社

愛読者カード係 行

お名前《ふりがな》		明治 大正 昭和 平成	年生 歳
ご住所《ふりがな》	□□□-□□□□	性別	男・女
お電話 番号	（書籍ご注文の際に必要です）	ご職業	
E-mail			
ご購読雑誌（複数可）		ご購読新聞	新聞

最近読んでおもしろかった本や今後、とりあげてほしいテーマをお教えください。

ご自分の研究成果や経験、お考え等を出版してみたいというお気持ちはありますか。

ある　　ない　　内容・テーマ（　　　　　　　　　　　　　　　　　　）

現在完成した作品をお持ちですか。

ある　　ない　　ジャンル・原稿量（　　　　　　　　　　　　　　　　　　）

書　名				
お買上 書　店	都道 府県	市区 郡	書店名 ご購入日	書店 年　　月　　日

本書をどこでお知りになりましたか?

1.書店店頭　2.知人にすすめられて　3.インターネット(サイト名　　　　　　)

4.DMハガキ　5.広告、記事を見て(新聞、雑誌名　　　　　　)

上の質問に関連して、ご購入の決め手となったのは?

1.タイトル　2.著者　3.内容　4.カバーデザイン　5.帯

その他ご自由にお書きください。

(　　　　　　)

本書についてのご意見、ご感想をお聞かせください。

①内容について

②カバー、タイトル、帯について

弊社Webサイトからもご意見、ご感想をお寄せいただけます。

ご協力ありがとうございました。

※お寄せいただいたご意見、ご感想は新聞広告等で匿名にて使わせていただくことがあります。

※お客様の個人情報は、小社からの連絡のみに使用します。社外に提供することは一切ありません。

ルシファーなるものは、「**神がすべてを支配し、万物を見通す目**」としての象徴である。これは「九人」の理念と全く一致している。従って、ルシファーと「闇」は同根であることが分かるし、闇の創作物として捉えていなければならない。

(3)「一なる創造主」の実体の解体とパフォーマンスとしての顕現

ルシファーも一なる創造主も、その出どころは全く同じ穴のムジナである。それではその出どころ先は、一体どこ? ……そう、それを演出しているのは外でもない、相変わらず「九人」たちである。

この九人について、書(略して「九神」または「九人」)の中にこんな表現がある。「**九位一体**」と……。

我々は、この〝九〟と〝一〟なる数字に、焦点を当てることが非常に重要である。彼らにとっての**九**は、一〇に次ぐ最高の聖なる数字であると「九神」書には書かれているし、九の次に出てくる数字は一〇である。一〇＝一＋〇であるから、一となる。従って、九と一との関係は、すなわち「**九位一体**」を表しているのだった。そこまでの関連性(「九」と「一」との関係)はもちろん書かれてはいないが……。

ちなみに闇は、「**カバラ数秘術**」に対するこだわり方が尋常ではない。なぜなら数字こそが、広大な宇宙を創り司っているそのベースとしているからだ。あまねく宇宙は、幾何級数的に創られていると……。

さて、この数字の中（九位一体）には、何が暗示されているのだろうか？

そう、九は「九人または九神」を表し、一は「一体」を表しているのだ。すなわち、九人で一つを表している。九人揃って、それは一体のものなのである。だから、「**九位一体**」なのだ。

そうなると、「**一なる創造主**」としての解釈の仕方も、おのずから分かってくるのではないだろうか？『ラー文書』の各項目の最後にラーが必ず言う「一なる創造主」は、実は、自分らのことを指していたのである。ラーは、単一的存在ではなく複合体であると、ラー自らが言っている。「自分たちこそ神であり、万物を創造した創造主である」。それは、自分たちであると言っているのである。

だから〝おまえたち愚かな人間は、我が九人を一（一体）なる創造主として永遠に崇拝しなければならない〟としていたのだ！ ……いかがなものだろうか？ これで「一なる創造主」の謎が解けてこないだろうか？ 自分たち（九人）だけが、創造主としていたのだ。あの狡猾な彼らだけが、「我々こそが創造主である」と、これまで人類をだましながら言わしめ続けてきたのだ。

それではなぜそう言わせていたのか？　……それは、人間一人ひとりが皆創造主であることに覚醒してしまっては非常に都合が悪いことになるからである。

ETエアルが語っているように、我々はIS-BEである。IS-BEは**魂**そのものであり、それは**不死のスピリチュアルな存在**である。我々はどこ（故郷惑星出身）から来て、なぜ今ここ（奴隷惑星）にいるのか？　そしてどこ（地球に閉じ込められて延々と輪廻転生を強いられる方向）へ行こうとしているのか？　について記憶を取り戻されてしまっては、自分らのこれまでの支配が、完全に瓦解してしまう。彼らの唯一の道楽がなくなってしまう。全人類の覚醒が生じれば、彼らのパワーは廃れてしまうも同然なのだ。

ラーは、今日ではスフィア・ビーイング・アライアンスである。人前に現れる時は、物体の中に入って登場してくる。彼らは自分たちのことを「一なる創造主」とのたまっているが、我々にとって、そんなスフィア・ビーイング・アライアンスが、あまねく宇宙唯一の創造主として、認知するに値する存在であると容認することが果たしてできるだろうか？　ここに、彼らの正体が曝け出されてきたのではないだろうか……。

記憶喪失に陥っている今の人類には、宇宙創世期前のIS-BEとして、この物質宇宙を創造してきたなどと絶対に信じられることではない。

（4）ルシファーと「九神」との関連

ルシファーは、「九人」が自らの計略を隠蔽するための表面的な偽りの創作物にすぎない。悪魔儀式において悪魔を呼び出すということは、すなわち、「九人（何人来るのかは分からないが）」がそこへ来ることを意味している。闇は極めて狡猾でしたたかであるから、パフォーマンスにかけても完璧である。すべてが、自分らの正体と陰謀を隠すための演出であるのだ。映画や舞台などで演じている役者の演技と全く同じ道理だ。ルシファーが人間の目に見えるようでは、演技に迫力や意味がなくなる。あくまでも見えない存在としておくことが、永続的に効果を発揮（九神としての正体を永遠に隠す）する。ある時、創造主から追放された最高位の堕天使として、創造主に成り代わって全宇宙を監視し、支配するという設定だ。その象徴を、人類への支配、統治における肉眼では決して見ることのできない見せしめの一環として、アメリカ一ドル紙幣に刻印しているのである。アメリカは、ルシファーが支配する国ともいわれている理由がここにある。目に見えないから、非常に都合がよいことになる。ここに、我が銀河系の狡猾なボスの属性を如実に物語らせていると言えよう。

ちなみに、ETエアルは、目に見えない彼らの存在を未だ見抜いてはいないようだ。地球に対する外観的視点からだけでは、やむを得ないだろう。すべてが、奴らの眩惑作戦に則った隠蔽工作なのである。このことをしかと念頭に置かれたい。そうすれば、すべてが見えてくる。誰しも、だまされたくはないだろう。この次元に辿り着くことで、かなりの現象や事象が露呈してくるはずだ。もはや彼らは、人前で公然と裸の王様として曝け出されてしまった。

地球の人類は皆等しく、戦争や暴動も消え差別や病気もなく、そして欺瞞のない笑顔で充満した真の平和を築いていかなくてはならないし、それを皆望んでいる。

まだピンと来ないだろうが真実としての創造主は、私たち一人ひとりなのだ。だから、まず日本民族が意識的霊的進化として腰を上げなければならない。そのために我々日本民族はこの地球に存在しているのだと、一人ひとりが目覚めてほしいのだ。まず全人類の一人から目覚めさせることから始めよう。日本民族特有の集団・集合意識で行動していこうではないか……。そのために「**今ここ**」に日本民族は存在していることを自覚しておかなければならない。単なる遊びをするために、高尚な惑星から来たのではない。

最後に、『ラー文書』のラーが各文書の一項目ごとに最終的に必ず登場する言葉を記載しておこう。

「『一なる無限の創造主』の愛と光のなかで、おいとまいたします。あなたがたにはさらに先へと進まれ、『一なる創造主』のパワーと平和に恵まれますように。アドナイ。」

奴らは、「俺たちを崇めることを片時も忘れるでないぞ！」と重圧をかけているのだ。

※筆者注：アドナイ（ADONAI）とは、ユダヤ・キリスト・イスラムでの唯一神（ＹＨＶＨ＝ヤハウエ）の名前の一つ。ヘブライ語のアドン（adon・主人）を意味する言葉。アドン（単数形）、アドナイ（複数形）「我が主」を意味するとされ、神と人間の関係を如実に表す名とも解釈される。（アドナイは、複数形であることに注意）

余談ではあるが、補足事項として、以下を付記しておこう。

ユダヤ教、キリスト教、イスラム教、日本神道、他あらゆる宗教は、「九人」が人類を無知状態として支配するために真実の内容を改ざんし、結果、洗脳工作の一環として創作した偽りの宗教であることに変わりはない。確かに彼らも創造主であることに違いはないが、我々皆も同じく創造主でありＩＳ－ＢＥである。彼らと同様、我々の魂も永遠に消え去ることなく魂は永遠なのだ！

【第十一章】闇の、隠されたシンボルとする数字は、1「一」と9「九」

(1) 近年におけるアメリカと日本の人工大地震の闇の数字

闇が支配する数字は「1(一体)」と「9(九神若しくは九人)」であることを今学んだ! その「9」の中には、「6(ルシファー)」と「3(イエス・キリスト)」が内包している。そこで、これからの展開として、日本とアメリカに起こされた過去約三〇年前からの人工大地震を、時系列に従って順次解析することにしたい。なお、あくまでも〝彼らのカバラ数秘術〟による解析(ゲマトリア:数値換算)を前提とする。「一」と「九」が最大の焦点となる。ただし、一般的に666はサタンであるルシファーのシンボルであるが、6を逆にすると9となることに注意喚起されたい。すなわち、6＝9でもあり、9＝0ともする。10は9よりも最高位の数字であるから、10＝1＋0となって1(支配)を表す。すなわち、「一体(統治・支配)」を表していることになる。ややこしいかもしれないが、以下数秘術を基に解明しよう。なお、読者の中には筆者よりも詳しい方がおられるだろう。

1）サンフランシスコ地震（筆者注：当時、世界のニュースとして流されたこの地震の正式名称は、〝ロマ・プリータ地震〟であるようだ。日本では「サンフランシスコ地震」と報道されたとWEBサイトに書かれている。当時のご記憶のある方々のために、あえてサンフランシスコ地震と記載する。しかしこの名称（サンフランシスコ地震）は、正式には一九〇六年時の地震のことを指すようだ）一九八九年一〇月一七日発生。**M7・1**

1989／10／17：①1＋8＝9で、三個全部が9となり、9の逆は**666**である。②1＋0＋17＝18であり、18＝6×3で6が三個だから同様に**666＝999**↓になる。これはルシファーの数字（**666**）でもあり、単一数字**9**は闇の「**九人**」を表している。またこの中には、**1**（**支配**）も必ず内包している。

2）ロサンゼルス地震　一九九四年一月一七日発生。**M6・7**

1994／1／17：この場合は、1／17だけを考えればよい。①1＋17＝18↓6×3＝**666**＝**999**で、ルシファーと闇の数字**9**でもある。**1**も存在。1＋1＋7＝**9**で、さらに1994の中にも9が二個ある。つまり9が三個で、やはり**999**＝**66**

6ともなる。

3）阪神淡路大震災：一九九五年一月一七日発生。**M7・3**
1995／1／17：①1995＝1＋5＝6↓9　②1＋17＝18＝6×3＝**666**＝**999**で、同様にルシファー（**666**）と闇の数字9である。**1**も存在。

4）アメリカ同時多発テロ事件：二〇〇一年九月一一日発生。通称**9・11爆破事件**。
ジョージ・W・ブッシュ元大統領らによる自作自演の爆破事件。**9**と**1**が入っている。

2001／9／11：①2001＝2＋1＝3　②**3**（イエス・キリストの数字）であるが、左記**6）**の**3・11事件**ともシンクロさせている。②9／11＝**9**と**1**である。

「**11**」という数字も重要である。

5）新潟県中越地震：二〇〇四年一〇月二三日発生。**M6・8**
2004／10／23：①2004＝2＋4＝6↓9　②1＋0＋2＋3＝6↓9　これも**1**と**9**。**10＋23＝33ともなり、イエス・キリストの数字でもある。**

6）東北地方太平洋沖地震：二〇一一年三月一一日発生。**M9・0**
2011／3／11：①2011／3／11＝**2＋1＋1＋3＋1＋1＝9**　②**3・11**①と②の中に**1**と**9**が入っており、イエスの**3**もある。

7）熊本地震：二〇一六年四月一四日と四月一六日発生。**M7**

2016／4／14：①4月14日＝4＋14＝18＝6×3＝**666**→999　②2016／4／16＝2＋1＋6＝9：4＋1＋6＝**11**（**1**）

4／14地震後に、筆者はロシアのWEBニュースサイト『スプートニク日本』に、再度地震が起こることを呼びかけていた。

8）大阪府北部地震：二〇一八年六月一八日発生。**M6弱**

2018／6／18：①2018＝2＋1＋8＝**11**（**1**）　②6／18、18＝**666**＝**999**

9）北海道胆振《いぶり》東部地震：二〇一八年九月六日発生。**M6・7**

2018／9／6：①2018の中には、すでに18（**666**）＝999がある。

……以上である。一見確認しづらいが、確実に**666**、**9**そして**1**を入れている。**33**や**11**もある。

どうだろうか？　いかに奴らが庶民の生活の中まで介入しているかが理解できよう。これが、「一なる創造主」としての実態（否、すでに**実体**）である。どうか皆さん、理解を深めてほしい。

まとめとして、闇が好むシンボルの数字を記しておく。

1、9、3（33）、6（666）、7、11、12（1＋2＝3）、13、18（666）、3・11、9・11、888はイエスの数字（この888のイエスの数字も、非常に意味が深いが、割愛する。興味のある方は調べてみてほしい）。

（2）イエス・キリストの数字33は

さて、イエス・キリストが登場してくる。この存在を見過ごすわけにはいかない。なぜなら、世界の多くの国がキリスト教圏であるからだ。これを述べることで、イスラム教やヒンズー教や日本神道などの世界中の宗教なるものも「九人」が関与し、支配統治下に置いていることが、あなたの認識をより深めていくことになるだろう。それは以下である。

皆さんのほとんどの人が、イエス・キリストの数字を知っている。その数字は、33である。キリストというのは、救い主を意味する。サタンであるルシファー（666）とは相対立する人類の救世主としてイエス・キリストが位置づけられている。これも、二極対立の論理である。善と悪の対立として、表面上闇らは意図して設定している。それが666と33である。さあ、どうだろうか？　この二つの数字に何かを読み取れないだろうか？

……この二つの数字は、確かに相対立する存在として独立してはいるが、それぞれ合わせてみるといくつになるだろうか？　……そう、6（ルシファー）＋3（キリスト）＝9（九人）である。従って「九神」は、自分らの9を、6と3に区分していたのだ。だから、イエスの33とルシファー666の隠匿された数字9が決してバレないように、666と33とを巧みに9の中で分極させせながら、自分らの存在である「一つで九神＝一なる創造主」を隠匿していたのである。9は、3と6を支配する。そして、**一は、すべての数字を支配し、それは九人（九神）からなる！**

（3）イエス・キリストもルシファーも、架空の存在

従って、イエス・キリストなる存在もルシファーと同様、架空の存在にすぎず実在しないことになる。仮にホログラム・テクノロジーを駆使して、あたかも実在するかのように人々の前に現れた（この時はだいたい空中に仕掛ける）としても、それはだましテクニックで洗脳支配するためのパフォーマンスであって、所詮は闇らの所業にすぎない。……いかがだろうか？　これで世界中の宗教書が、彼ら「九人」の改ざんされた創作物であり、また欺瞞書として洗脳支配するための業であることが理解できようというものだ。『旧約聖書』においても、闇の配下の神官を通して改ざんされたものである。

ＥＴエアルは、イエス・キリストの名前や『新約聖書』の言葉を一言も出していない。筆者は、エアルのその視点を首肯する立場である。ただし、**イエス**なる者は〝**覚者**〟として実在したようだ（『失われた福音書―Ｑ資料と新しいイエス像』……巻末参考資料参照）。そこで、イエス・キリストのストーリーは、その覚者の生き様や民衆への説教などをシナリオの主人公として設定し、覚者のイエスを、救世主（キリスト）として置き換えて創作したものである、と筆者は分析している。ＥＴエアルの「ＥＴ文書」の中に、イエス・キリストや『新約聖書』の文字が一言も出てこない根拠がそこにあるのではなかろうか。……筆者は、そう考察している。いわば人類を支配し操作するための単なる偽物語にすぎない。地球人類の意識レベルが、どの程度のものかが理解できよう。日本民族がキリスト教布教に騙されなかったのも、民族性の高さにあると言えよう。

余談ではあるが、同じゲマトリアによる分析としてＡＩ（人工知能）もついでに記しておこう。

アルファベット順で、Ａは1、Ｉは9である。すでに1と9で支配されているので、ＡＩ＝**1**＋**9**＝10＝1＋0＝**1**……となる。「一」は、すべてを支配するからＡＩ**を通して**

人類はすでに支配されていることになる。この1と9は、「一なる創造主」であり、「九人」が一体となって支配していることを表している。あくまでも張本人は「九人」である。今日人間は、AIロボット人間と化した。

（4）日本神道はどうか

①まず、ピラミッド型としての頂点は**神社**である。これを解析してみよう。英語では、〝SHRINE〟である。

S＝19番目、H＝8、R＝18、I＝9、N＝14、E＝5　19＋8＋18＋9＋14＋5＝73＝7＋3＝10＝1＋0＝**1**。

1は、闇の〝一なるもの〟として支配のための頂点に来なければならない。だから「一」である。日本神道として支配するのが神社であるから、それは1となる。多くの日本国民は、家内に神棚を設けている。従って、日本列島を包囲する悪のエネルギーで席巻されている。

②神社に参拝する入り口には、まず狛犬《こまいぬ》が左右に座す。すなわち、**阿吽**《あうん》（アウンの呼吸であり寺院も含む：仁王像のアウンである）。

ＡＵＮ（阿吽）：1＋21＋14＝36＝3＋6＝9……非物質界の象徴的な数字「3、6、9」の数字を、闇は抜け目なく入れている。代表的な神社については割愛した。興味のある方は、ゲマトリア数値に置換してみてほしい。

そして最後の醍醐味としては、日本の放送界である。

・**ニッポン放送**：1242hz＝12＋4＋2＝18（666）＝1＋8＝9
・**文化放送**：1134hz＝11＋3＋4＝18（666）＝9
・ＴＢＳラジオ：954hz＝9＋5＋4＝18（666）＝9
・ＮＨＫ東京第一：594hz＝5＋9＋4＝18（666）＝9
・ＮＨＫ東京第二：693hz＝6＋9＋3＝18（666）＝9

……以上、神社と放送界を数例列挙してみた。

（5）地球は、すべてが洗脳された惑星

この地球のすべてを真に受けてはならない。この地球には、必ずなんらかの仕掛けが施

されている、ということに気付くことが重要である。再三述べるように、ここ地球は監獄惑星である。皆さんが、この地球の実態そのものに気付くことで、おのずからすべての事象や現象が、闇の仕業であることが認識されていくだろう。そう、アセンションとかイベントとかデータダンプとかスピリチュアル活動とか、反日工作とか、もうすべてが闇（「九人」）の工作であるということを認識することで、背後の陰謀がことごとく理解できるはずだ！　表層的な現象に惑わされてはならない。

ＥＴエアルの語りは、おおむね間違ってはいないだろう、ということに認識が深まるはずである。彼らドメイン軍は、スピリチュアリストらが決め付けるような生体ロボットではない。闇の陰謀は、もっと奥深いところにあるのだから……。

二〇一三年に八二歳で他界したアメリカ白人の元上級航空宇宙エンジニアは、現在地質学、天文学、物理学の大学教授をしている娘に生前、以下のように語っていた。参考まで。

1）天変地異は、宇宙人によって司られている。

2）レプティリアンは、うろこを持っていて、爬虫類によく似ている。

3）『エイリアン・インタビュー』に書かれた情報の多くは、真実であると証明できるよ！

【第十二章】『古史古伝』と「宇宙人」との関わり

前置き

まず、『古史古伝』にはどんなものがあるか、馴染みのない人のために代表的なものを記しておきたい。

● 竹内文書　● 津軽外三郡誌《つがるそとさんぐんし》　● 宮下文書（富士高天原朝史）　● 秀真伝《ホツマツタエ》

● 九鬼《くかみ》文書　● 物部《もののべ》文書　● 上紀《うえつふみ》　● アヒル草文字　● カタカムナ

……筆者は、これら古文書の専門家ではないので、「超古代文明」というタイトルで、動画を八〇〇回以上も配信しておられる研究家に詳細は譲るとして……。

ただ、筆者が何故この古文書を取り上げたかという理由は、次の通りである。

①日本民族にとって「古文書」に触れておくことは避けては通れないこと。

②記紀（『古事記』『日本書紀』）と同様、「古文書」は本当に改ざんされていないのか？

いわゆる偽書として改ざんされてはいないのか？

以上の二点からの考察である。①については、割愛する。従って、②について若干の考察を試みることにしたい。

（1）古文書はすべてが真実なのか

古文書の各研究家や古代の古文書執筆者の末裔の方々のほとんどの人は、古文書は全てが真実であると、疑うことなく信じておられるようだ。無理からぬことだ。しかし、筆者の視点は、あくまでも我が銀河系の頂点に座す闇の存在であり、また遥か超超古代より地球史を改ざんしてきた不届き者に向けている。古史古伝の歴史といっても、闇の洗脳操作歴史に比べればごく最近の出来事にすぎない。この点を研究家たちはまったく知らずにいるわけだ。まさにそこが盲点である。その証拠に、研究家たちが語る内容は、多くの真実も含まれてはいるだろうが、こと世界史の宗教関連となると、てんでお話にならなくなる。そう、実は「古文書」さえも、善と悪とが渾然一体となっていたのだ。研究家たちは、無意識にすべてが真実であると頭から思い込んでいるところに、重大な落とし穴が潜んでいたのである。こんな話を古代研究家たちに持ちかけたところで、宗教に嵌まった信者同様、即、門前払いを食らうだけである。頑なな自己の信念体系にインプットされている情報以外は、誰しもが即座に拒絶反応を起こしてしまうから無理からぬことである。

（2）闇の介入視点でのイエス・キリスト

超古代史研究家Aは、イエス・キリストについて次のように動画で語っている。要約する。

「私が古文書を知る限り、イエス・キリストは、十字架には架けられなかった。架けられたのは、イエスの弟イスキリであった。イエスは三三歳の時に、当時の日本の帝《ミカド》（天皇）に謁見し、ミカドから賜った重要な書を携えて一旦帰国、『新約聖書』を著した。晩年は、日本で過ごして青森県新郷村で亡くなった。だからお墓は、弟と共にそこにある。」

……以上であるが、イエスが十字架に架けられなかったのであれば、それは死後三日後の復活を意味しない。従って、キリストとしての救世主の存在は意味がなくなってくるはずだ。この点は疑念を抱かなければならない最も重要なところであるはずなのだが……。

にもかかわらず、この研究家は〝イエス・キリスト〟の名を、その後も延々と言い続けていくのだ。虚偽と真実の渾然一体という意味は、こういうことである。

尚余談ではあるが、モーゼも同様に、日本に来てミカドと謁見し、ミカドから賜った二枚の石版を携えて帰国し、モーゼは『旧約聖書』を著したと、その研究家は語っている。『エイリアン・インタビュー』でETエアルが語っていることは、「『旧約聖書』を書いたのはユダヤ人である。しかしその後、悪の手先によって改ざんされた」……。モーゼの名前は幾度も「ET文書」の中に出てくるものの、モーゼが『旧約聖書』を書いたとは、エアルは一言も言ってはいない。もしモーゼが書いたのであれば、エアルはそう書いていたであろう。

※筆者注：イエスには弟が四人いた。①ジェームズ②ジョセフ③ユダ④サイモンの四人である。イスキリの名はどこにも出てこない。イスキリの名は、多分日本国内でイエスを捩《もじ》っていつの時代かイスキリへと転訛していったのだろう。

前述したように、この研究家Aはイエス・キリストが『新約聖書』を著した、と言っている。彼は、その聖書を読んだことがないようだ。世界中のキリスト教信者であっても、

『新約聖書』はイエス・キリストが著した、なんてことを言う信者は一人もいないはずだ。

(3) 古文書の歴史には、背後にドメイン軍と闇の存在が介入していた

動画内での超古代史研究家Aの話は、次の通りである。

①ミカドが、世界中を移動するときは、「**天の浮き船**(**円盤**)」に乗って方々巡回していた。

②当時「**アフラ・マズダー**」という存在がいて、石に刻まれた彼の姿を写真を通して見ることができる。また同様に、「**翼のある円盤**」の光景も、写真で見ることができる。

……以上である。

まず①についてである。

研究家Aは、円盤製造技術やエジプトのピラミッドを含めた全世界のピラミッドも、当時のミカドを中心に、古代の日本民族の高度な技術によって建造されたとしているようだ。

要するに、古代の高度な文明構築の発祥は、すべてが日本から出発したと語っているのである。正史として初代天皇とされる神武天皇も、天の浮き船で世界を巡回していたと彼は

信じて疑わない。

※筆者注：「ＥＴ文書」のページ一二八には、ドメイン軍が「翼のある円盤」に乗って飛んでいたことが記載されている。そしてまた、ヒューマノイドたちが、当時の出来事を間違って歴史書に記載しているその根拠を、ＥＴエアルは次のように指摘している。

「推測」「仮定」「理論と仮説で装飾」「データを誤って理解」「誤解に基づいて評価」

……以上である。参考にされたい。

エアルが語っているように、ドメイン軍はその証跡を一切遺さずに立ち去っているのだ。

次に②についてである。

この「アフラ・マズダー」と「翼のある円盤」の光景写真も、研究家Ａの動画で我々に見せている。だがしかし、その写真が何を意味するのかは、彼は一言も語っていないし、多分何も知らないだろう。単にその写真を視聴者に見せているだけである。こういうところこそ（宇宙人と人間との関わり）、その摩訶不思議な謎を探究しなければならないのだが、彼ら（超古代史研究家や各古文書に登場してくるその末裔）は古代史は一〇〇パーセント真実だとしているから、考察・熟慮なしで、自分が難しい箇所は素通りしてしまう。

それはあくまでも自己都合のレベルにすぎないから、それ以上の探究は土台無理である。これが妄信した一宗教の実態であるから恐ろしいものだ。……そうなると、彼らが語る信憑性と古代史観との整合性とが、欠陥書として露呈してくるようになる。まさに、ＥＴエアルが指摘している通りである。ただしエアルは、「真実も含まれているかもしれないが」、と言い添えている。

話はそれたが、「アフラ・マズダー」と「翼のある円盤」の描写は、「ＥＴ文書」のページ一二二・一二七・一二八をご参照いただきたい。

……これ以上の展開は、差し控えさせていただく。筆者は、古文書研究家たちの熱意を、決して無視するものではない。むしろ、興味深く学習させていただいている。特に五〇年以上もの歳月をかけて、分厚い書を何冊も出版しておられたり、無奉仕でYouTubeを八〇〇回以上も配信しておられるタフなエネルギーたるや、尊敬に値するものである。地球の人類であるからには、少なからず何かにつけ洗脳を受けているものである。そういう視点からみたとき、日本を代表する彼の業績は、偉大であるといえよう。

最後に、結論を次に記述させていただく。

（4）果たして『古史古伝』は偽書か?!

結論から先にいうと、決して偽書ではない、と結論づけたい。史実が多く含まれているからだ。史実と異なるところは、（3）で述べた通りである。要は、日本の古代史において、善（ドメイン軍）であれ悪（闇）であれ宇宙人が介在しており、介入した歴史的事象の確たる真相の実態については、残念ながら地球史から意図的に排除されていることだ。彼ら宇宙人は、何ひとつ痕跡を遺さず立ち去っていった。元来偽書なるものは、生身の人間が手を加え、改ざんすることにある。一方「古文書」は、是非はともかくとして、宇宙人の介入による真実の出来事を、勝手な人間の誤解や推測などによって書き記したものである、といえる。

ETエアルが語るには、当時の高度な文明は、闇たちが他の惑星からセットとしてもたらされたものであるという。しかしその痕跡は、一切遺されてはいないとも語っている。

【第十三章】なぜ、帝國大學は創られたのか

（1）帝國大學の種類と創立時期

各帝國大學については、下記の通りである。なお、出典は「ウィキペディア」による。

―帝大認定年―

①帝國大學（東京帝國大學）：一八八六年（明治一九年）創立：現東京大学
②京都帝國大學：一八九七年（明治三〇年）創立：現・京都大学
③東北帝國大學：一九〇七年（明治四〇年）創立：現・東北大学
④九州帝國大學：一九一一年（明治四四年）創立：現・九州大学
⑤北海道帝國大學：一九一八年（大正七年）創立：現・北海道大学
⑥京城帝國大學：一九二四年（大正一三年）創立：現・ソウル大学校
⑦台北帝國大學：一九二八年（昭和三年）創立：現・国立台湾大学

⑧大阪帝國大學：一九三一年（昭和六年）創立：現・大阪大学
⑨名古屋帝國大學：一九三九年（昭和一四年）創立：現・名古屋大学

（2）帝大創立の目的

この惑星地球は、闇の統治下にある。よって〝帝國〟という言葉は、必ず邪悪なエネルギーで覆われている。それでは何のために創ったのか？　である。

この地球は、第三次密度の世界（物質万能主義の世界）である。人類は、物質主義という目先だけで生きており、エゴ丸出しの世界である。それを分離主義社会という。

どんなに能力（地球次元の能力だが）が高かろうが、全人類の平和を願って、などといった崇高な精神をもって他人のために生きているわけではない。IQが高くない限り。そんな崇高な精神をもつほど、IQは高く設定されてはいないのである。簡単な話、凡人よりも少しだけIQ基準を上乗せ程度に設定しておけば、それで十分なのだ。現にそうやって凡人である一般大衆を隷属化してきた。これは、大成功を収めている。この世界は欲望渦巻く世界であり、弱肉強食の世界であるから、そういう世界になるように意図的に策定され、インテリと称するエリートたちも、周波数がピタリと同調した欲望の世界へと投げ込まれているわけだ。結果、それ以下の一般大衆は隷属状態となって、ものの見事に歯車が噛み合うバランスの取れた国家なり社会を形成していっている。

世界が闇の意のままになるように、十分計算し尽くされた計略に従って、帝國大學は創立されたのである。

(3) インテリと称する者のIQ指数は

それでは、インテリと称する連中のIQはいかほどなのだろうか？

インターネットにある情報源からそれぞれの平均的なIQを以下記す。100以下のIQは省略。

①一般大衆：100～105くらい
②慶応大学：110
③東京大学：120
④大学院：130（筆者注：一流大学卒レベルの大学院だろうが）
⑤ハーバード大学：150

（4）IQの中身

この①〜⑤が、物欲に強い執着心を持ったIQのカテゴリーとなる。要するに簡単な話、利己主義者（エゴ）の分離集団で国家と社会は形成されているわけである。

中央集権国家にせよ、地方分散型の政治・経済・金融にせよ、諸々の詐欺行為なくしては機能しないような仕組みになっている。だから詐欺行為は、彼らにとって合法であるわけだ。

法律というものは、凡人に対する呪縛である。権力者たちが、たとえ人を何人殺そうが刑事訴追されないし、身柄拘束されたとしても多額な汚いお金で釈放となる。いわば彼らは自国においても目に見えない治外法権者なのだ。これが、宇宙で最下位レベルに置かれている低次元の地球の実態である。

自分らのIQは知らなくても、一流大学を卒業しただけでエリート意識やインテリ面《づら》に変容していく。上からの目線、それに伴う傲慢さ、俺はなんでも知っているというフリを装ったパフォーマンス。……それらがやがて板につき、表情に変化のない眼球だけが硬く鋭くなっていくポーカーフェイスが形成される。

凡人は凡人で、相手が一流大学出身であることを知った途端、怖じ気づくようになって反論したくても不可能な、いわゆる隷従的主従関係の思考回路が見事に不動なるものとなる。インテリたちは、自分らは最高の頭脳の持ち主だという錯覚に陥っているので、その思い込みが傲慢たらしめ、眼球も鋭くなるのである。

なかんずく、医師と患者の対応を観察すれば明白である。彼らはなんでも知っていると思っている。しかし、その彼らとて、強欲の深さから欺瞞性に富んだ医学知識をすり込まれた、悪魔の西洋医学であることを知る者は少ない。彼らは、自分が頂点の座に達する時、かつての温和な表情はなくなり、ポーカーフェイスと変容する。しかし彼らの真意は、自分らの金稼ぎのための欺瞞の医学知識以外、何一つ知らないのである。従って、無知なるインテリ層の内面や腐りきった低級の頭脳を覚醒させ、自らの意識で改心することなど、よほどのことがない限り極めて困難であると言わなければならない。それほど、欲望に対する執着心でがんじがらめという洗脳工作を施されているからである。もし彼らが、庶民のように思いやりをもち、そして偏執狂のない人々であったならば、どれほどの庶民の平安と正しい秩序が維持されていくことか計りしれないのだが……残念でならない。

話は逸れたが、ちなみに、今日における高校や大学の志望校の目安は、いつの間にか

〝偏差値〟へと移行してしまっている。だから知能テストは、現在意図的に廃止されたのだろう。こうなるとますますIQ基準に制約がかかってくる。IQが極めて低い基準として、その枠の中に自己の能力は閉じ込められてしまうことを意味している。

とある科学者Aが中学時代（一四、五歳でIQの器は完成するらしい）に実施された知能テストで、全国で四番になったらしい。それまでは学校の成績は悪く、自分はボンクラなのだと思っていたようだ。それをきっかけに猛勉強し、科学者としての地位を築いて現在は火星で仕事をしているようだ。これは筆者が直接彼から聞いた話である。

アインシュタインも同様で、学校の成績は良くなかったという有名なエピソードがある。従って、偏差値オンリーにしている現代の実態は、世も末である。原始的な三つの本能部の隣に位置する**海馬**領域で丸暗記は堆積していく。

ただ、IQ度合いには関係なく、日本や世界で貢献する崇高な精神を持った日本人が昔から現に存在している。たとえIQレベルは人並みだとしても、そういった人々は霊的に他人よりも高い人たちであると言えよう。物質脳の高低は一切関係ない。むしろインテリと称する連中になればなるほど、宇宙領域ではかなり霊的進化が遅れていると言えよう。

(5) IQ160以上はどうなのか

一方、IQが160以上（例えば、故・ホーキング博士がそうらしい）ともなれば、権力や金品に対する執着心は欠け、低IQのエリートらも含めた一般大衆との交流もなくなる。彼らは、質的にも極めて次元の高い機密情報を持っており、地球上の実態を体系的に掴んでいる場合が多い。

この地球は、奴隷惑星であることも熟知しているし、地球圏外の隠蔽情報も入手可能な立場にある。私生活は至って素朴で質素なものであり、物質へのこだわりにも欠けている。常に人類の進歩のためや、さまざまな地球上の問題にも疑問や疑念を抱いて、その時間を費やしたり、また、例えばタイムトラベル研究開発などにも取り組んだりと、擬《まが》い者のインテリ含めた凡人とは質的にも異なった一生を費やすのである。

人並み外れた正義感も備わっているから、人を殺傷したりだましたりするような動機など も一切眼中にない。それどころか、科学者によっては暗殺される立場にいつも置かれている者もいる。事実、歴史的に多くの科学者たちが、これまでひそかに暗殺の憂き目にあってきた。特筆すべきは、彼らは宇宙人との頻繁な交流を欠かさないことである。前述した日本人科学者Aも、毎日ETと交流していると筆者に語っていたし、リアルなUFO写真も見せてくれた。彼自身が撮影した現場写真だ。ちなみにニコラ・テスラは、彼の背後からシリウス人の指導を得ていたというが、シリウス人なのかどうかの真偽は別として、少なくとも筆者は、ETドメイン軍の技術指導によるものであったと思っている。何故なら、ニコラ・テスラは後にドメイン軍の基地に帰還した、とETエアルは『エイリアン・インタビュー』のページ一五五で語っているからだ。ちなみにシリウスは、闇の統治下にある。

(6) 一般人とIQの高い人間とは、見る景色が異なる

富士山にたとえれば、インテリ層も含めた一般社会層の人々が一合目の領域だとすれば、IQの高い科学者らは四合目、五合目、六合目という具合に、そこから下界を見る全領域の視点が根本的に異なってくる。富士山の一合目は物質界であるから形而下学オンリーであるが、彼らIQの高い科学者たちは形而上学的視点からの純粋思惟が可能となる。例えば、輪廻転生は当然なことであり、ダーウィンの進化論みたいに人は猿から進化した、などという歴史的プロパガンダなど全く信じていない。前述したように、彼らは地球外知的

生命体との交流も日常茶飯事なのである。

(7) IQが高いだけでは、それ以上の次元の高い真実は洞察できない

しかし、彼らのIQが、たとえズバ抜けていたとしても、我が銀河系全領域の陰謀を暴く直感力(洞察力)にまでは、残念ながら達していない。それが彼らの限界の霊的分岐点となる。なぜなら、サード・アイが開かれていない限り、真の高度な洞察力には到達し得ないからである。

ただし、仏陀や老子やニコラ・テスラたちはその限りではない(中でも老子は思想を曲解されているが……仏陀とて言わずもがなだ)。ETエアルが語っているように、彼らはIS-BEとして、すべてを認識して地球に降り立ち、結果、人類に驚異的業績を遺して自分の故郷へと再び意識的に帰還していったからである。

蛇足として、皆さんがどこまでご存知かどうか分からないが、サード・アイの開眼は、すなわち、真の霊的洞察力を意味するのだ。本書の冒頭でも述べているように、サード・アイの開眼は物理的に眉間部の骨が開くものだ。太陽の強烈な光を、瞬きせずに直視可能になることでもある。YouTubeで多くの者が第三の目について、自信をもって語ってい

るが、全員が思い込みによるものだ。眉間がムズムズなんてものではない。彼らの二個の肉眼を見ればすぐ分かる。お金の殖やし方なども語っているが、本末転倒である。

再三述べるように、本書の趣旨は「闇」の陰謀を暴くことにある。闇と一口に言っても、巷間溢れる書の「人間の！」という地球次元の闇とは、本質的にも根源的にも次元の異なる世界の陰謀解体書であるのだ。

無知なるブロガーが戯言を掲載しているのを、たまたま筆者は読んでみた。「第三の目を開眼させることは非常に邪悪なことだから、皆さん！　そのことを大至急拡散してください！」。これには閉口してしまった。これらが、闇エネルギーが席巻した実態だ。第一、我々は、ブログや動画を作って配信することなど出来ない。本当に、身体に不調をきたしてしまうのだ。

※筆者注：世には、超能力者なるものが数多く存在している。透視能力者を始め、予言者として巷を騒がせている者、中にはアカシック・レコードの中身を読み取る者、占星術師等々……枚挙に暇がない。何度も言うように、この世界は闇の世界である。だとするならば、彼らに対しても必ず闇の手が介入しているわけである。見えないエンティティは、上空であれ眼前であれ、無数に存在している。即ち、九人の配下は無数に存在しているのだ。彼ら超能力者たちの周波数は全ての者が、闇

のエネルギーと同調している。自分の特殊能力でもって利益を得ている者が多い。彼らは何故特殊能力を持っているのか？　……否、そもそも全人類がその能力を持っている。但し、何度も述べてきたように、我々はＤＮＡを操作され、その上記憶を消去されている。そして脳の五パーセント程度しか使われないようにされている。よって、元来全員に備わっているはずの多くの能力は失われてしまった状態にある。……そうであったとしても、人によっては、本来誰しもが持っている記憶や特殊能力が顕在化した、数少ない者もいるわけだ。海岸の砂粒に石を投げれば必ずどれかに当たる。しかし元来砂は砂で、みんな同じ砂なのである。皆が等しく持っているものなのだ。だから特殊能力とは本来言えない。たまたまその人の能力が開いたに過ぎない。体外離脱体験者も同じである。世には、こういった無数の人々が散在していることになる。あなたは、今世において、たまたまそれらの能力が顕在化しなかっただけの話だ。彼ら（超能力者たち）の波動周波数は、あくまでも地球の波動と同調している。第三の眼が開いた周波数とは決して同調などしないから、高次元の洞察力も出来ないことになる。……それが超能力者たちに対する筆者の解答である。何ら特別視することではない。第三の眼の開眼も、我が地球では特殊ではあっても特別ではない。超能力は、訓練によってはあなたも超能力者になれる。そんなことよりも、闇の術中に惑わされず、何年かかってもよいから、自己のアイデンティティーの確立化に邁進していくことの方が最も重要なことである。但し、あなたがそれを望むならば、の話だが……。

【第十四章】世界の医師界は、「人類削減化計画」に加担する重要な役割を担っている

(1)「人類削減化計画」

「人類削減化計画」なるものがある。要するに、「**役立たずの無駄飯食い**」の粛清が目的である。現在の世界人口は、七六億人といわれている(実質はもっと多いはずだ。中国やインドなどは相当数隠しているだろう)。総合的見地から観察した宇宙の中では、地球は小惑星として指定されているものの、地球上における人類の総収容数はまだまだ相当数入るようだ。

魂レベルと精神レベルが幼稚な「九人」は、何かと遊戯を楽しみたい属性を備えているから、あらゆるジャンルに手を出しておきたいわけだ。そうしないと気が済まない。権力者というものは、支配統治すればなんでもネガティブな行動に走ってしまうものである。そんな彼らに、良心的な精神など微塵もない。とにかく遊び半分楽しく、という感情レベ

ルである。「俺たちの命令に忠実に従え！」なのだ。これは冗談で済まされることではないのだが、ISｰBEならではの属性として、宇宙開闢以前から備わっているものであるから、いかんともし難い。生物に有害な細菌やウイルス、そしてバクテリアなどがまさにそうだ。なんらかの正当な根拠があって創られたものではない。遺伝子操作などもそうである。さまざまな邪悪性を帯びた生物、例えばトラ人間とか藻類と掛け合わせた人型藻人間とか、要するに気分の趣くままであるから際限がない。そのような次第で、根拠のない「人類削減化計画」ときている。

それに加担しているのが、医師たちであるのだ。看護師は医師のロボットにすぎない。無知から生じているため、自分は正しいことをしていると思い込んでいる。

しかし彼らは、何一つ知らない。

(2) にわかには信じ難いことが、現実にそしてひそかに起きている

なかんずく、私たちの身近な生活に直結している医療界が、「人類削減化計画」のための大きな役割を担っている、という驚愕すべきことが起きている。病気というものは、病院に行けば治るものではなく、多くの患者をジワジワとひそかに殺していく、悪魔の西洋

医学であるのだ。昨今において、やたらと病院（個人経営の病院は橋渡し役）での死者が増加しているのも、そのような目的の下、世界の権力者の監視下に置かれながらその下命に忠実に従っているのである（医師によっては、その事実を認識していないが）。究極の我が身保全のためだ。

それに反旗を翻す者や団体があったら、即潰されて暗殺や自殺を装った他殺、あるいはまた冤罪という狩りの洗礼を浴びることになる。従って、石油加工品の薬剤を飲み始めたら、寿命は短くなると確信すべきだ。例外として病院の門を通らなければならないこともあるが、それでも死を覚悟のうえで偽治療に当たることだ。医師を全面的に信用してはならない。彼らは常に矛盾性を背中に背負っている。薬にも、仕掛けが施されていることを忘れないように……。闇の医薬産業利権が、背後で常に暗躍している。

刑法用語の中には「**未必の故意**」なる、医者にとっては最も都合よく、ありがたい犯罪用語として規定されている言葉がある。この用語の解釈については、皆さんの中に詳しい方がおられるだろうから、具体的事例については割愛させていただく。あくまでも医療的見地からの「未必の故意」である。西洋医学という悪魔医学の実態については、多くの書や、ＷＥＢサイトの中で数多く語られている。関心のある方は、自身で勉強してもらいたい。ここで筆者が言いたいことは、西洋医学は「人口削減化計画」の片棒を担いでいるということである。常識中の常識として皆さんがご存じであるはずだ。筆者のこの書に関心をもっておられる読者の方々は、たとえ反日工作をしている方であっても、相当レベルの高い人々である。反日の方々は、過剰な金銭欲さえ少なくしていけば、誠に素晴らしい人たちである。彼らは、完璧なほど闇の策謀に陥っていることに気づいていないだけの話。たとえそのことを認識していたとしても、結果としての行動に問題があれば、真の認識とはいえない。我が地球の闇の世界は、悉《ことごと》くお金で人類を操作している。人類を操作するために、これほど優れたツールは他にない。筆者が貨幣制度に異議を唱えるのは、そのような事由からである。世界の権力者たち皆が、金という欲望で動いている。この地球は、極めて単純な世界であるから、非常に分かりやすい世界ともいえる。本書を読まれている霊的に優れた皆さん、どうか自己研鑽に勤しんで欲しいのである。そうしていくことで、やがては第三の眼が開いていく道標《みちしるべ》となっていく。日常の諸々の生活費は別として、徐々にでも自己の余計な金欲を払拭していくことが、やがてはサード・アイの開眼へと導かれることになる。単に瞑想を長くやったからといって、開眼するものではない。開眼は、真理への悟りの道へと向かうものである。従って、WEBサイトで数多く取り上げているようなン、なんでもかでもチャンポン・ミックス思考のような安易なものではない。真理は簡素で単純であるから、眼を開いたまま太陽を直視可能になれば、それは開眼していることになる。但し、太陽を直視することは物理的なものであるから、眉間部の骨が空洞にならないと意味がない。最後に、強い正義感と内心の誠実さも兼ね備えておれば、あなたは十分にドメインの仲間であるということである。

話は戻るが、いずれにせよ、西洋医学における「人口削減化計画」の策謀は、これも上へと辿れば、「九人」の計略によるものである。

昔の医者は、地域住民との密着性があり、彼らの心にも人間としての血が通っていた。日本国は、外国人観光客などが思う表層的現象とは全く異なり、何かにつけて最大のタブー国家なのだ。タブーのネットワークで席巻されている。それが、似非日本国家である。

本来ならば、IQ160以上の人格者が医療業務に従事していけば最善であるが、闇の世界にあっては、どうにもならない。我々弱者は、結局泣き寝入りである。医学知識に堪能な弁護士に頼ったとしても、高額を要求される始末。だから、カラクリ・システムが背後に鎮座しているのだ。この地球での**正義**は、一切通用しない。

（3）万病を完治させる「ヒーリング医療装置」なるもの

すでに開発され使用されている「ヒーリング医療装置」なる万病を完治させる機器は、日の目を見ることは決してない。だから、そんな優れた装置があるなどとは、ほとんど誰も知らない。それは当然である。地球上の大富豪や地球圏外で活動している高級軍人らにしか使わせないからである。もちろん主犯格は、「九人」である。

この「ヒーリング医療装置」は、例えば骨折したり切断したりしたとしても、元通りに甦生して完治する。寿命においても、退行年齢として若返らせる状態にできるから、メンテナンスを通して、いくらでも長生きできるのだ。とにかく完治しない症状はないのである。すべて闇の手のうちに置かれている。

※筆者注：本書巻末参考資料『モントークプロジェクト：謎のタイム・ワープ』のページ一五四には、次のように書かれている。

「ニコラ・テスラは、減年技術（「退行年齢装置」とも）を開発していたのだ。この開発時期は、初期のフィラデルフィア実験時においてである。彼は、ゼロ・タイムとの接触によって、時間の流れ

から切り離された被験者の時間軸を回復するためにこの技術の原型を開発した～」と……。

【第十五章】天変地異は「九人」の所業

（1）アトランティス大陸崩壊は、「九人」の仕業

これまで観察してきて分かることは、なんと言っても彼ら闇のテクノロジーはレベルが最高位にあるということである。彼らに太刀打ちできるのは、ＥＴエアルたちドメイン軍をおいて他に存在しない。ドメイン軍は、これまでにことごとく彼ら闇の連中を打ち侵してきたからだ。テクノロジーにおいても、ドメイン軍に勝る者はいない！　彼らＥＴエアルたちは、ＩＳ‐ＢＥの存在として一度も肉体を持つという体験をしたことのない存在であるのだ。彼らは、肉体を持つことの脆弱性や弱点を知り尽くしている。

一方、ハイレベルにある闇らは、これまでの地球史を難なく操作し、意のままに地球史をつくってきた張本人でもある。今日スフィア・ビーイング・アライアンスの中の一員に、オーブ・ビーイングなる高度な知性をもつ意識体が存在する。この知性体は、既述してい

るように小はピンポン玉から大は月サイズや海王星、さらには木星サイズにまで一瞬にして変貌するといわれている球状だ。

我が地球は海王星よりも小さい。ということは、小さな地球を海王星大のオーブ状が難なく包み込んでしまうことができることを意味している。彼らは何十億年もの歴史をもっているし、あるいはそれ以上かもしれない。

彼らのグループは、遥か超古代からすでに宇宙船を利用している高度な知的生命体である。そしてまた厄介なことに、彼らは地球の人類に対して極めてネガティブな存在でもある。地球を特別な刑務所惑星として設定指定し、他の惑星からそれぞれの反逆出身者を島流しにしては、ここ地球のゴミ捨て場へと今なお投棄してくるのである。もちろん捨てにくる連中は、闇の配下の存在たちであるとしても……。

そんな超ネガティブな彼らの一員（オーブ・ビーイング）が、地球そのものを揺さぶるくらい朝飯前であろう。ポールシフトにせよ地殻変動にせよ、陸塊の大移動であれ大火山の噴火爆発であれ、彼らのスーパー・テクノロジーをもってすれば極めて容易なことであろう。……こうしてアトランティス大陸やレムーリア大陸などは、闇の逆鱗に触れたり、あるいは彼ら自らの一方的作為的意思で、人類もろとも壊滅させられてきたのだ。彼らから見た人類は、まさにアリ程度の生き物にすぎない。彼らに備わっている、霊的レベルや精神レベルは、宇宙創成期以前からそのような未発達レベルにあるのだ。彼らは超古代から、策謀を企図し続けている。そんな彼らにとって、単なる遊戯にすぎない。子供の遊び心なのだ。

生来のIS-BEというものが、そういった属性を内包していることはETエアルが指摘している。バクテリアやウイルスを、面白半分で創造してきたのも初期段階のIS-BEである。IS-BEによっては度を過ぎた悪戯心を備えているから、それが子供レベルで終わればまだしも、闇のように超テクノロジーをもって生物に際限なく攻撃していたのでは、我々にとってまさに恐怖そのものと言えよう。ましてや、子供の人見知りみたいに黄色人種を差別して殺戮してしまうなど、超知的生命体としてあるまじき偏見以外のなにものでもない。しかしながら、事実は事実として現実は現実として、「アリ人間」が受け入れなければならない理由がそこにある。我々はとても脆弱なのだ。こんな奴らが、唯一の創造主とは？

……闇の連中は極めて高い知性の持ち主である。地球人からすれば、それはもう何万倍か、それ以上の知性の違いであろう。

そんなネガティブな彼らであるから、ポールシフトを惹起させる時期も、人類が洞察不能な一定の周期性をつくり上げている。ETエアルでさえも天変地異は自然現象と捉えてしまう、実に巧妙な隠蔽工作を使っているわけである。あくまでも自分たちは「正義」として、ヒューマノイドには表面を見せている。彼らにとって、常に人類の前では正義なのである。

(2) 日本列島と日本民族との繋がり

この狡猾な彼らの腹黒い心理を洞察できない限りは、永遠に洗脳され続けることになる。宇宙には、二〇〇兆個(銀河系の総数)×四〇〇〇億個(我が単一銀河系の惑星数として)もの惑星が存在しているといわれている。だが、実際はその程度ではないだろう。なぜなら、ETエアルが語っているように、宇宙は今なお創造され膨張しており、宇宙は無限に在ると言っているからだ。

筆者がここで言わんとすることは、宇宙には海岸の砂浜の無数の砂粒ほどもある惑星の中で、なぜ極微な地球だけが唯一欠陥品に創られたのかということだ。これはどう考えても、おかしなことであると思わなければ辻褄が合わなくなってしまう。

他の惑星に棲息している知的生命体は、地球に住むことを一切拒否しているという。それは当然であろう。地球は、不安定要素に満ちた惑星であるからだ。

そんな不安定な地球の中で、最も不安定な島が我が日本列島である。「日本列島は世界の縮図」と唱える者もいる。しかし日本列島は、大自然の赴くまま移動して形成されたという、為せるがままに偶然そうなったのではない。地球そのものを不安定な惑星にさせ、その中でも日本列島を最も不安定な島になるよう大陸移動させることで形造ったのも、闇の所業である。黄色人種の中でも日本民族だけがなぜか、「第四根人種」と指定されている。

地震や台風をはじめとした大災害などが、世界で唯一日本列島だけにどうしてこんなにも頻繁に起きるのか？　結論から言うと、日本列島は偶然に今のような島になったのではない。日本列島内で生じるネガティブな現象が、他国と比し、あまりにも特化していることを考察しなければならない。これは大変重要な視点なのだ。地震、津波、数多くの活火山噴火、今日では日常的とさえいえる台風シーズン外でも頻繁に起きる大型台風、それに伴う農作物の大被害と多くの死傷者続出、異常な寒暖の差……枚挙に暇がないであろう。

以下は、日本列島のプレートについてのＷＥＢサイトからの筆者の要約である。

日本列島は、ユーラシアプレートと北米プレートに載っており、これらは太平洋プレートにより東から、フィリピン海プレートにより南から押され、太平洋プレートとフィリピン海プレートは海溝やトラフをつくって潜り込んでいる。こうして、日本は三つのプレー

トが一カ所で接する三重点が近くに二つもあるのだ。……単に日本列島そのものとか、超大型地震や超大型台風などがどうのこうのとか、そういったレベルだけではないのだ。……以上のような総合的見地からして、他国では一切ありえないまさに震撼すべく現象や事象の舞台が、この「**日本列島**」なのである。

そして別な視点から生じてくるのが、日本民族に対する意図的な壊滅バッシングでもあるのだ。……皆さんいかがなものだろうか？　極めて最悪なネガティブ現象や事象が次々と起き、惑星地球の運命を一手に背負う、日本列島と日本民族のような存在が他にあるだろうか？　宇宙全体を俯瞰してみても、そのようなものが存在する惑星が他にもあると想像できるだろうか？

負の因子日本列島と、やはり同じ負の要因と決め付けている日本民族根絶やし問題との悪魔的共通性やシンクロ……偶然にしては、あまりにも出来過ぎているとは思わないだろうか？　たまたまそうなっているのだろうか？　……。否、違う！　決して偶然にシンクロしているのではない。

筆者はこのことを考察しなければならない。このシンクロ現象を、あらかじめ意図的に創り出しているのも、闇による工作なのだ！　彼らの狡猾なる属性が判明すると、シンクロした現象や事象の根拠も見えてくるだろう。「日本列島は世界の縮図」なるものは、こうして見事にシンクロたる相関関係を意図的に創り出していたのである。

（3）我々の行く末は?!

上記のような流れにあって、果たしてこれからの我々の存在の行末はどうなっていくのだろうか?

これまで述べてきたように、これからも決して平和ボケの安堵感に浸っていられるような状況ではない。「九人」にとっては、いよいよ時機が到来してきているのである。

七五〇〇〇年を二五〇〇〇年で三区分とした最後の二五〇〇〇年の終末期が目前に迫っている。キリスト教をはじめとした各宗教界は、終末論教理を狂信者たちにひそかに説いている。盲信者らは、自分と同じ宗派を持つ（入信）者だけが救われればよいのだ。完全にだまされ洗脳されていることなど、意志薄弱な彼らの中に気付く者は誰一人としていない、ロボット化した思考能力のない人間たちである。

「アセンション」なる言葉があった。しかしアセンションは、単に「役立たずの無駄飯食い」の人類を誑《たぶら》かすものであった。それは眩惑作戦の一環としての表層的パフォーマンスにすぎなかった。それが建前だ。アセンションという意味の本音部分はどうなのか? 前に述べたように、それは、選ばれし一部のエリート白人の地球からの脱出であった。まさに「離脱文明」として地球圏外で高度な文明を構築していくことにあった。地球外の数多くのコロニーは、すでにインフラ整備も完了段階にあり、後に残すはゲルマン民族大移動よろしくエリート白人らの大移動である。この移動もすでに完了しつつあるだろう。一九七五年から二〇二五年までの間に、アセンション（？）は決行されることとなっている。この五〇年間の中のいずれかの間、といわれている。今は二〇二〇年である。四五年すでに経たことになる。

そうなると、常識的に考えて二〇二五年近くになるかもしれない（だが分からない）。前にも述べているように、スフィア・ビーイング・アライアンスは、二〇二八年頃になるだろうとも適当なことを言っている。彼らは、口八丁手八丁であるから鵜呑みにはできない。

ヒトラーの予言なるものがあり、それは二〇三九年一月二五日となっている。ヒトラーに仕えたオカルトチャネラーも、闇からの通信で情報を得たのだろう。その内容は、「その日に旧人類は地球からいなくなり、その後の地球は新人類の誕生」というわけだ。実に眩惑作戦を方々に仕掛けている。

【第十六章】世界の人類はリセットされる?!

(1) 宗教界の実態

先述したように、アセンションなる到来時期については、一九七五年から二〇二五年の間として予定されている。今年はすでに二〇二〇年であり、四五年経過している。

どの宗教界も多少の差こそあれ、異口同音に終末思想を謳っていることは想像に難くない。多分、その予測的実行時期においても、大同小異であろう。統一された宗教界で、話の辻褄を合わせておくためだ。信者らは、自分らの仲間たち以外には絶対に終末思想を口外することはない。どの宗教とまでは言わないが、どの団体も奇跡的現象を信者でない人間に見せる傾向がある。その奇跡の現象を見せつけられた信者でない人間は、一発で落とされて入信し、そしてやがては自分が勧誘する立場となって、ネズミ算式に信者が増えていくのである。筆者は、特段女性に対する差別心はもっていないが(男と女が存在しなくては、人類の繁栄はありえない）、巷間の各宗教界は、洗脳プロパガンダの一環としては、男性よりも感覚性や感受性が鋭敏な女性の方に白羽の矢が立つ。それは事実だ。従って、どの宗派も男性よりも女性の方が圧倒的多数を占めている。現在は、昔よりも入信している者の数は圧倒的に増加している。これは終末思想によるものである。

世界各国の人々から、日本人は無宗教だから……という意見が、YouTubeなどを通して散見される。しかしどのジャンルでもそうだが、それは現象面的な一片の物の見方であって実際的にはそうではない。他国と比べ特に日本では、全世界のあらゆる宗教が所狭しと蔓延《はびこ》っている。これも意図的プロパガンダの一環ではあるが……。日本民族は男女問わずして、とにかく強烈かつ徹底的に洗脳しておかなければならない、特殊な民族であるからだ。そのためにも、宗教界での終末思想教理はもって来いの陽動作戦である。

（2）世界が終焉を迎える予測時期は

今は二〇二〇年。残された五年の間に果たして世界は終焉を迎えるのかどうかについては、闇とその直近の者以外には誰も分からないだろう。その時期が間近に迫ってくれば、一部のエリートたちには告知されるかもしれないが……。

各宗教界の入信者たちは、「自分たちだけが特別に選別された者である」と、どの宗派も同じことを現場の指導者はのたまっているから、自分たちだけが救われるものだと洗脳されてしまっている。しかし、世界の終焉時期、それに伴う自分らの救われる時期（空中携挙など）も曖昧模糊たるものであることは想像に難くない。第一、現場の指導者さえ「役立たずの無駄飯食い」の要員なのであるから、はっきりした時期が分かるはずもないのだ。

「九人」は、スピリチュアル世界の界隈では二〇二八年頃になるだろうと、入信者たちを翻弄させ続けている。所変われば言うこともまちまちである。彼らはあくまでも狡猾であることを念頭に置いて予測していかなければならないから、筆者にとっても断定することは不可能である。

ただし、総合的見地に立つならば、遅くとも二〇三〇年までの間には発動されるのではないか、と予測しているのだが……。いずれにせよ、限られたタイムライン（時間割）であることに違いはない。

（3）目安として、世界を終焉させる時期の根拠はどこにあるか

地下基地に施設を築いている南極に、すでに選別されたエリート白人らは移動し、地球圏外の各コロニーへと移行している。その移動が完了し次第であろうか？　と筆者は推察している。コロニーといっても、現時点では太陽系内外であるから、全収容数も大幅に増えていることだろう。特に金髪碧眼が最優先であるから、全世界に散在している男女の居所を特定するのもかなりの時間を費やしていることだろう。その数も、コロニーの全収容数のバランスを加味しながらであるから、なおさら時間もかかるだろう。しかし、その計画も完了段階に限りなく近づいていると推測される。……以上が、世界を終焉に導く根拠となるかもしれない。

最後に、黄色人種は全く無関係であることを言い添えておきたい。

宗教とは、**「役立たずの無駄飯食い」**の白人種と黄色人種を根底から排除するための死刑収容所の一環にすぎないのだ。闇は、黒人種は最初から神の子ではないとしている。「九神」書のページ九二では、以下のように言っている。**「黒人は地球先住民と言われているように、他の民族とは異なり宇宙の神に属するものではない」**

(4) 世界の終焉とは何を意味するのか

さて、いよいよ核心に迫ってきた。

世界の終焉とは、一体どういうことなのか? それは「ポールシフト」である。これについても、ある程度は述べているので重複するところもある。二五〇〇〇年周期の最終段階に来ていることについてもすでに語っている。ちなみにアトランティス大陸やレムーリア大陸の沈下は、七五〇〇〇年周期の二回目として闇は捉えている。なぜなら、一気に大陸を崩壊させたわけではないからだ。最終的に海の藻屑になってしまった時期が、おおよそ一一六〇〇〇年前とする最有力な見解である。

今回は三回目の最終段階の終末時期! これは筆者の主観ではないことに注意を喚起しておいていただきたい。これまでの闇の言質に基づいたものを総合的に考察し、吟味して文章化しているのだ。

世界の終焉は今回が初めてではない。その点を押さえておかないと、人間は自己中心だから、周囲の目を見ることはできなくなってしまう。まさにそれも終末思想の裏付けでもあるのだが。自分さえ助かればそれで良いという思いは、結局自分の破滅を意味する。たとえ殺されたとしても、魂は不滅なのだから決して死を恐れるべきではない。死を恐れることは自己中心的な人間が思うことだ。闇といえど、魂を消すことはできない。魂は、ETエアルたちのように、何十兆年もの長いスパンで今も正義のために宇宙で活動している。魂は永遠なのだ。このことを心の中にしかと叩き込んでおかないと、あっち行きこっち行きの眩惑作戦の術中に、まんまと陥って翻弄されてしまう結末になる。世界の終焉とは、エリート白人の完全移動終結後に発動されることになるかもしれない。

九人は容赦ない！　黄色人種自体を人間とは思っていないのだから、現実はシビアそのものと言える。ちっちゃな虫けらにすぎない我々では、闇に勝ち目はないのだ。その時期が来るのを、指を銜《くわ》えて待つしかない。

（5）ポールシフトが発動する

ポールシフトについても、スピリチュアル界ではかなり話題沸騰となっている。

その話の先頭を切ったのも、「九人」である。

地球は四次元密度に次元上昇を果たすので、これまでの第三次密度の地球は存在しなくなる、というのである。従って、残された（アセンションできなかった）人類は総抹殺されて他の惑星に行かされるという意味になる。

これも大嘘だ！　すでに「**死人に口無し**」であるから、今はなんとでも言える。地球は次元上昇など決してしないし、そんな現象があるはずがない！　第一、闇自身の霊的・精神レベルが悪魔そのものというのに……。奴らは、我々全人類よりもレベルが低いのだ。そんな戯言《たわごと》を真に受けてはならない！　自分と奴らの精神レベルを比べれば、答えは即座に出るだろう。言葉そのものには、多くの毒性が潜んでいることを熟慮すべきだ。蚊帳の外に弾き出された人類は、そのまま地球に居残り、ポールシフト発動の到来を、指を銜《くわ》えて待つのみである。これが、闇の究極的策謀なのだ！

皆さんに、ここで熟慮していただきたい。人類は死滅するのだ。地球で死滅するのだ。では、どんな手段を使って死滅させるのかを考えていただきたい。常識的に考えてポールシフトを発動させるのが、最も効果的で効率的だとは思わないだろうか？　これまでの地球史の中で初めての現象ではないのだ。今回が何回目かは分からないが、このポールシフトが一番手っ取り早いだろう。たとえそれに近い現象であったとしても、天変地異を起こす形状によって、どれだけの時間人類が苦しむかどうかのわずかな違いにすぎない。要するに、原始時代への回帰であるか、あるいは、旧人類が死滅した後の新人類の到来なのかもしれない。

（6）リセット後、どうなるのか

リセットという地獄の洗礼を受けた後、人類はどうなるのか？　……一考察としてそれは、原始生活からの再出発だ。これまでの地球史も原始時代から出発したと大嘘の歴史で洗脳されているごとく、今回においても、全く同様な手口で原始人から出発していくことになるかもしれない。その工程作業をやっていくのは、現場の実働部隊として闇の配下で地球から離脱を遂げた地球外にいる軍人らがやるだろう。要するにこの軍人らは、見習い仕事として初めて経験させられるのだ。その体験によって、彼らは地球外生命体としての自覚が深まっていく。将来のドメイン軍との激戦に備えた勇敢な戦士として……。彼らを後押しするかのように、銀河連合なる邪悪な知性体の組織が、新米たちの援護射撃に当たるだろう。そのための銀河連合でもあるのだ。

今日へと地球の歴史がつくられていったように、再度原始生活からやがては高度な文明へと進化しつつ、核兵器開発とその使用時期が到来するまで、人類は生かされ続けられるのだろう。歴史はその繰り返しである。少なくとも現時点までは……。

闇にとってみれば、これは一種のゲーム（遊戯）であるから悦に浸れる。これが闇のしたたかさであり、狡猾さである。闇は、大型スクリーンを通してユニークで楽しい映画を鑑賞しているようなものだ。

【第十七章】日本民族は根絶やしにされる

（1）日本人としての民族性とは

昨今において、YouTubeの急速的普及に伴い、日本人としての民族性を称賛する動画が人気を博している。「日本人は、宇宙人だ！」とか、「日本人は、我々よりも何光年も先に行っている！」とか、あるいはまた「幼児の頃から彼らは礼儀正しいのか！」……などなど、外国からの称賛は尽きることがない。

そしてまた、日本は世界一高度な文明、いわゆる、より高度な科学技術を持っていることでも知られている。古き伝統様式と現代建築物とを融合させたバランス感覚は超絶すべきものとして、外国からの観光客はその現状をひと目見ようと、その数も年々うなぎ上りの傾向を示している。そのような中、東京渋谷駅前のスクランブル交差点を横断する何千人もの日本人の様子をとらえた動画が、世界中に配信されている。付近の高所ビルからわざわざ動画を撮るカメラマニアたちも後を絶たない。むしろ我々日本人が、彼ら観光客のそのような情景に驚かされているくらいである。渋谷スクランブル交差点は、確かに人の数は半端ではない。そして、彼らの興味はそれに留まらない。横断する何千人もの日本人が、その密集した中で他人との接触が一切なく、スムーズに難なく横断していることにも驚愕・感嘆の声をあげているのだ。

とにかく、古式伝統文化と現代テクノロジーとの融合、日本人のマナーなども含めた日本列島の一挙手一投足に至るまでが、驚嘆すべき現象として捉えられているのである。もちろん、公共交通機関やレストランなどにおける日本人の異常なまでの静謐さや、盗難にあわないなどのマナーの良さについては言うまでもない。すなわち、我々日本人の常識は、彼ら外国人にとって驚愕すべき非常識性として位置づけられているのである。むしろ彼らのそういった珍現象こそ、我々とは別次元に置かれているのではないだろうか。従って、日本への長期滞在者や永住者も、後を絶たない昨今である。治安は悪くなる一方だが……。

以上のことから、外国人が観察した日本人の特異性がどのようなものであるかを、垣間見ることができるのではないだろうか。我々の常識は、彼らの非常識なのである。

（2）隠蔽されているる超高度なテクノロジー

地球表面上においては少なくとも、日本のテクノロジーに関しては目を見張るものがある。しかし、こと地球の地下世界（地球内部の高度な文明人や地球圏外の離脱文明のテクノロジーについては割愛）となると、話は全く別次元となってくる。

北アメリカや南米などの地下には、数多くの基地と施設が遥か以前から構築されており、その多くの施設の中にさまざまなハイテクノロジーが完備されている。どんなに日本の新幹線が世界的に速かろうが、地下施設のテクノロジーこそ、まさに驚嘆すべきものである。これは古くから隠蔽されているから、一般大衆はこの事実を知らないだけの話なのだ。

遥か昔から、世界中に地下トンネル網は存在している。誰の指示により造られたのかは、もう言うまでもないことだ。「九人」である。アメリカなどの先進国の庶民たちは、日本のテクノロジーの実態を知った時、彼らは異口同音にして次のようにYouTubeの「海外の反応」などを通して意見を投稿している。それは、「なんで俺たちの国は、未開状態なんだ、無駄な血税を使って多くの飛行機を造るよりも、日本人の技術援助で新幹線をいち早く走らせろよ！」……しかし、大衆がどんなにアメリカ政府に対して提案しようが抗議しようが、決して実行に移されることはない。その必要性は一切ないのだ。政府は、ただ無視して傍観しておればそれで済むことである。何故ならば、権力者らは裏の実態を熟知しているからだ。

日本に対する評価は、各国のメディアを通して日本への称賛を意図的に煽るだけである。各国のメディアは、日本の驚嘆すべき実情について映像入りで配信しているが、それも一般大衆に対する洗脳工作の一環であることを見抜いておかなければならない。世界のメディアも、とっくの昔に闇の支配下に置かれているのだ。

彼らはその背後で、着々と地球離脱文明の構築化を図っている。国民の血税の大半はそこへ流れている。もちろん日本の税金もだ。ちなみに日本人の血税流出額は、世界一か二位である。日本政府権力者の本当の仕事は、そういう（アメリカのご主人様に莫大な資金―日本国民の税金―を垂れ流す）ことである。だから昨今では、権力者の意のままになる安倍政権を延命にしてあるのだ。世界中あげての地球外脱出のフェスティバルであり、黄色人種らはそのための小間使いにすぎない。彼ら闇の計画が完了と同時に抹消されてしまうのが落ちである。

（3）日本民族の起源

さて、話は変わって日本民族そもそもの出身惑星に関する起源についてである。

この話の出どころは、アメリカの某大学研究所の日本人科学者が、二〇年以上前にアメリカの科学者らとの共同研究において、その成果を公表したことによるものである。従って、その信憑性の是非については読者諸氏に譲りたい。「日本民族の出身惑星は、琴座（リラ）のベガ出身であるようだ」と、その科学者は講演会の壇上で当時語っている。どうして、どうやって地球へ来たのかについては筆者の推測を脱し得ないが、闇に関するこれまでの展開からして、結果的に地球の流刑場へと投獄されてきた。

この件に関してはさまざまな見解があろう。例えば、日本人以外の他の地球人種の進化が遅れているので、それを是正するために連れて来られたからだとかの話もある。だが、今日の日本人の実態を観察するにつけ、それは否定材料となる。現代の日本人は、他国の民族よりも最もゾンビ化現象を示しているからだ。ミイラ取りがミイラになってしまったのでは、元も子もない。

そんな今日の日本民族であったとしても、いざとなれば日本民族特有の優れた資質を、突然発揮する場合もあるから、我ながら不思議なものである。例えば、大震災後の理性ある落ち着きはらった整然とした行動を、誰の指示を受けることなく自主的に集団化して完遂することである。これが他の民族であれば、即、暴動などに発展し、死傷者多数の結果に陥ってしまう。だが日本人は、全く真逆の行動をとってしまうのだ。日本のどの地域だろうが、整然とした行動を起こす。他人を配慮し、迷惑をかけてはいけないという思いやりの心が、日本人全員に備わっているのである。外国人の投稿内容は、幼い時からの教育・躾が素晴らしいからだ、などと言ったさまざまな想いで投稿している。しかし、それは本質的な要因にはならない。教育されたからそうなる、とは言えないのだ。

これこそまさに、本質的であり根源的な部分であるところの、他の民族より魂の進化した高いレベルにその解答が秘められている。だからこそ、闇にとっては極めて厄介なのだ。これ以上生かしておくわけにはいかない。

(4) 闇が最も排除したい民族

宇宙には、高度に進化した知的生命体がたくさん存在しているといわれている。それに比べ地球人類は未だ第三次密度にあるという。宇宙の中でも最低レベルに位置する次元にいるのだ。だから、そんな地球と比較したら、他の惑星はどんな惑星でも進化しているだろう。

しかし、現に地球には日本民族も共生している。これをどう説明するのか？　と、疑問を投じた時、まともな回答ができる外国人は極めて少数派だろう。他民族の研究をする学者はいなくとも、日本民族の研究に挑む研究者は多い。闇は、日本民族を他の惑星からこの流刑場へと投げ込んできて久しい。だが監視、観察を続けているうちに、彼らにとってはやはり納得し難い見方になったと結論づけた。

すなわち、日本民族と他民族とは、本質的に水と油の関係であることを結論づけたのだ。彼ら闇は、地球上のどんな日本民族研究学者よりもかなりの時間を割いて行動科学的に研究解明に没頭したことであろう。どんなに日本民族の本質的レベルを堕落させようと試みても、一見表面上は堕落したかのように見えるが、予想外の出来事が生じた時（例えば、典型的な人工地震）の日本人としての行動力学は、従来のありのままの姿（高潔な精神と魂）であったのだ。そこで設定した位置づけが、「日本民族は、第四根人種の民族であるから、消え去る運命に」である。

ちなみに、「ドイツ人は第五根人種」と位置づけされている。今回の離脱文明の子孫となっていく者は、新人類として「第六根人種」として位置づけられるのであろうか？　地球のポールシフト後は、同様に第六根人種へと進化するともいわれているのだが……。この第○根人種なる根拠の出どころは、筆者には分からない。情報も探してみたが、未だ判明していない。

（5）かつてのマヤ人は

まずマヤ文明について、若干の説明をしておきたい。

中米に位置し、「メソアメリカ文明」と呼ばれている。BC二〇〇〇年からAD一五二四年までの間に存在していたようだ。小さな都市がいくつも存在して文明を形成していたといわれている。このマヤ人たちが、突如として地球表面からいなくなったのだ。これは歴史的事実である。多くの跡を残して、どこへともなく消え去ってしまったのである。

この現象は、古代ビルダー人種が突如消えてしまったのと相関をなす。そこで彼らは、本当に存在しなくなったのか？　否、それは違う！　他の惑星へと移動させられたのだ。彼らは、地球に近い（地球から数光年離れた惑星らしい）彼らの出身惑星へと帰還させられたようだ。マヤ人たちは移動する技術は持っていなかったので、ゲートを使ってタイム・ワープさせられたか、あるいは知性体による宇宙船を使っての移動であったのかもしれないが……。

彼らの末裔は、現に今も南米に居住している。先に触れた一人のインサイダーは「秘密の宇宙プログラム同盟」のメンバーであるが、その彼はミッション遂行のためにこれまでに何度かマヤ人の代表者と接触しているのだ。この情報は、彼自身の言によるものである。彼の指示で描かれたイラストが多くある（宇宙では、写真撮影は固く禁じられている）が、マヤ人は地球人類と同じく未だ第三次密度レベルにあるようだ。彼らのテクノロジーとして特段秀でているのは、個人レベルの短所を長所へと変えるヒーリング技術を持っていることにあるようだ。

……以上が、マヤ人に関する概要である。参考まで述べておきたいことは、古代ビルダー人種も消えて存在しなくなったのではなく、現在も存在している。何度も登場してきている邪悪な意識体のみのスフィア・ビーイング・アライアンスである。

従って、彼らがどこかへ消えてしまったということは、どこかに存在しているということを意味している。なぜ、マヤ人のことを述べたかと言うと、日本民族も消え去る運命に置かれているからである。しかし、古代ビルダー人種やマヤ人同様、日本民族も消えていなくなるのではなく、永遠に存在し続けるのだ。ただし、日本民族の場合は、存在の仕方が特異現象となる。それについて、以下述べることにしたい。

（6）闇は日本民族をどう捉えたいのか

日本民族は、非常に思いやりをもった情緒豊かな民族である。それ以外の民族は、例外を除き感情が単一的である。何かとすぐに爆発的感情を表す傾向にある。だが、日本民族だけは特殊である。まさに例外的な種族である。そんな民族を、闇「九人」はいつまでも生かしておくわけにはいかない。

日本民族には、特に幕末期から明治開花期とともに、ある計略が敷かれた。それは、いずれ消えてもらうことを企図したものである。その前に、日本民族の魂を徹底して打ちのめしておかなければならない。そのためには、帝國大學を創って主従（隷従）関係の下、支配者と被支配者との関係を設定して遂行させる必要があった。それは、ものの見事に成功した。そうしながらも、原爆投下をはじめ大災害や大地震を機会あるごとに仕掛けていった。日本は常に実験場である。彼らは緻密に日本民族の動向を観察し続けてきた。結果はどうであったか？　表層的には完璧に打ちのめしたかのように思えた。

しかし、日本列島各地に仕掛けた人工地震や大型台風発生のたびに、この民族はますます、立ち上がってはさらに目覚ましい復活を遂げていったのだ。闇の計略は、見事に失敗に終わったのだ。こと日本民族に関しては……そんな計略遂行とともに並行して、二五〇〇〇年単位の最終的周期が終わりを迎えようとしている。「日本民族は第四根人種」であるからには、消えてもらわなければならない。いつまでも生かしていたのでは目障りでしょうがない。日本民族は「悪魔の子供」であるのだから……。

（7）どう処分しようか

闇は、日本民族に対して熱《いき》り立っている。なぜなら、精神レベルや魂のレベルが自分らよりも遥かに上位に位置するからである。それは、いわば彼らの憎悪と嫉妬心、そして劣等感からきている。彼らもＩＳ－ＢＥなら、日本民族も同じＩＳ－ＢＥである。これ以上絶対に生かしておいてはいけない民族である。

そこで筆者は考察する。それが以下の通りだ。

①あらかじめオーブ・ビーイングの中に囲ってスカラー兵器を駆使して皆殺しにした後、他の銀河系に魂を捨てに行って、その銀河系のボスに、この民族のその後の面倒を託す！

②あらかじめ「九人」の一存在オーブ・ビーイングで地球全領域を包囲しておき、スカ

ラー兵器で日本民族を皆殺しにした後に、日本人の魂を包み込んだオーブ・ビーイングは、永久にそこから出られないように閉じ込めておくか、大きなカプセルに入れて閉じ込めた魂を、我が銀河系の遥か彼方の片隅に置いておく。これは、未来に予想される宇宙戦争勃発時の人質としても含まれる。その唯一の敵陣は、ドメイン軍である。

……この二通りが考えられる。そこで、

①については、他の銀河系に流された日本民族は、リセットされて一からやり直しの原始生活を強いられるか、あるいは魂のまま永久に隔離される。

②については、いずれドメイン軍が気付いて宇宙戦争となるだろうから、それまでの間は、いわば人質（魂ではあるが）扱いとする。

……以上の二点が考察されるのである。筆者は、②が有力であると考察する。あくまでも筆者の推測の域を出ないことに注意。では、その具体的処分方法であるが、以下記す。

（8）処分の具体的方法は

この処分方法は、既述しているように事前に決定しているし、現にもう世界中にそれは存在している。

すなわち、兵器を用いた処分法である。ただし、核兵器みたいな時代遅れのものではない。

それは、**スカラー兵器**である。特定された対象物だけをピンポイントで狙い打ちし、瞬時に蒸発させてしまうものである。従って、周囲にある（いる）物体（他民族）は、一つも被害（犠牲）を受けることはない。だから周辺にいた人々は、「あれ！　どこ行ったんだ？　いなくなったけど……」程度である。放射能汚染もないのだ（厳密には、中心部に少量残るようだが、ほとんど人害は受けないとのこと）。じゃあその兵器を誰が持ち、誰が実行するのか？　である。スカラー兵器は、世界に六基存在している、と一人の宇宙科学者は『コズミック・ディスクロージャー』のインタビューで暴露している。

その中の一基を日本国内にすでに隠し持っているのが、ヤクザ集団である、とその科学者は語っている。

残された五基のうち一基は、アメリカ（カナダも含有している）。もう一基はブラジルにある、という。他の三基は、残された他の大陸を三区分させた、非常に効率よく広範囲に亘って効果を発揮できるような場所に置かれていることになる。

日本民族は、世界の各地に散在している。従って、少なくとも全六基は必要となるし、その数だけあれば十分に目的は果たせることになる。アメリカもブラジルも広大な領域であり、多くの日本民族が住んでいる。オーストラリアは広大であっても、日本人の数はそれほど多くは住んでいない。オーストラリア付近の島国も含めて、一基あれば十分絶滅させる殺傷能力はある。ロシアの首都モスクワは北欧側寄りであるし、日本人もまばらであるから一基あれば十分だ。

アジアも広大だが、中国が軸となるので一基でよい。これで全六基揃った。

それでは世界中のどこに置かれているのか？　それは以下であると推測される。

①まず、**日本**（台湾も含む）：ヤクザが一基持っている。ただしヤクザは、他民族である。

②**中国**：反日思想を掲げて幼少期から反日教育を実施しているし、日本列島にもかなりスパイが移住している。ちなみに、日本における中国人移住者は一五〇万から二〇〇万人になる、ともいわれているが、それ以上かもしれない。

自国民族の歴史を曲解・歪曲し、根底から欺瞞情報にすり替えて国民に偽情報を植え付けた教育方針のプロパガンダを敷いている。とは言え、一般大衆のごく一部には親日家もおり、日本人に対し敬意と称賛の気持ちを抱いている人も少なくはない。

③**オーストラリア**：この国は白豪主義が主流となっている。エリザベス女王の直轄化である。軍事基地をはじめ、軍事行動作戦においてもアメリカやイギリス、カナダとは兄弟関係にある。アメリカ、イギリス、カナダ、そしてオーストラリアは、固い絆のネット

ワークで繋がっている白人兄弟国なのだ。

④**アメリカ**：北米大陸全領域に一基あれば十分だ。

⑤**ブラジル**：隠蔽された地下施設が数多く存在している国である。一九九二年には、「アジェンダ21」と称して地球サミットがリオ・デ・ジャネイロで開催され、「人口削減化」についての会議が実施された国である。

⑤そして最後に、ヨーロッパ：これは多分**ドイツ**に間違いない。

その理由は、欧州地域も含めてアフリカ大陸や中近東地域など、おおむねそれらの中心軸になるということである。地球史上の大悪党ヒトラーの娘、アンゲラ・メルケルドイツ首相がいる。

……以上六基である。

(9) ケムトレイルなるものについて

多くの方が、この用語を耳にしていることだろう。世界中に撒布《さっぷ》されている、意図的に毒物を入れてジェット飛行機に積載しながら、遥か上空（ジェット気流）から撒布しまくっている微粒子の毒性物質である。YouTubeでも、例えば日本列島を始め、フランスのパリ上空で撒布されている動画を観ることができる。単なる飛行機雲と見せかけるための演出が施されている。ひどい時は、縦横無尽に幾重にも広がっている光景も日常茶飯事だ。長蛇の形状を成したウロコ状にも見せている。意図的である。

前述した宇宙科学者は、これは、「特定民族の血統のため」だと言う。「特定民族」と言えば、もちろん日本民族のことを指す。世界中、方々と撒布しまくっているケムトレイルも、実は日本民族のための毒物であったわけだ。参考までだが、「九人」の視点からは、彼（宇宙科学者）は生き残れない。なんでも公に喋ってしまいたい反逆児だからだ。我々にとっては、むしろありがたい人物だが……。彼が暴露したお陰で、筆者は今こうして日本民族特定のスカラー兵器について解析暴露《ばくろ》が可能となった。

(10) ケムトレイルとスカラー兵器とは、連動している

ケムトレイルとスカラー兵器とは、どう連動してくるのか?

ケムトレイルの空中撒布は、人間（日本民族）の体内に侵入してくるものである。少なくとも今から二〇年前には、ケムトレイルの撒布現象が始まっている。今日において、日本人一人ひとりの体内には、計り知れない毒性微粒子が蓄積されていることであろう。だ

が、それだけではない。実はスカラー兵器と連動した形となって、仕掛けが施されていたのである。

もっと具体的に煮詰めていこう。ケムトレイルがくまなく体内に入っていることで、発射されたスカラー兵器の微粒子は、体内のケムトレイルの微粒子と接触することによって、一瞬に爆破作用が強力に作動することになる。その爆破状態が極めて強烈であるために、人間の肉体は跡形もなく霧散霧消してしまうのだ。宇宙科学者が、「ケムトレイルは、特定民族の血統のため」と言った根拠がそこにある。日本民族の体内には、すでに何十年も前からケムトレイルが入り込んでいる。あとは、時機到来とともにスカラー兵器を発動させればよいだけのこと。

(11) 日本民族総粛清の時期は

この時期だけは、ある程度の予測しかできない。予測は推測であるから、決して確実性は得られない。本当は、皆さんはこの事実を知らない方がよいのかもしれないが、いつまでもだまされっぱなしでいるわけにもいかないだろう。日本民族の中には、心底真実を探求している人もおられるだろう。その人たちのためにも、この書は意図的に著したものでもある。再度語ろう。

先述したように、一九七五年から二〇二五年までの間にその計略は実行されることになっている。しかし、すでに今は二〇二〇年に来てしまった。猶予期間わずか五年である。どの宗教界も、今か今かと待ち遠しく、慌ただしい日々を送っていることであろうことは想像に難くない。彼らは、自分たちだけが生き残ればよいと、ただそれだけを望んでいる。全宗教界の教理は、本質的に全くどこも同じである。「私たちの宗教は、唯一、神から選ばれし特別な存在であるから、私たちはこれから至福の一〇〇〇年間を味わうことになる！」……と、各宗教界こぞって同じことを叫んでいる。このことは、「秘密の宇宙プログラム」のメンバー一人ひとりに、上官から褒め称えられた手口と全く同じである。要するに、「自分は特別な選民である！」のだ。どの宗教界も、終末思想を掲げているということは、何かが必ず起こることを前提にしたその裏付けでもある。従って、必ず何かが起こる！

今から二五年ほど前であろうか、筆者は某宗教の信者何人かと接触したことがある。その時分、彼らが口に出していたことは、「一九一四年の第一次世界大戦勃発の出来事を覚えていた時の人の終了時までに、人類の区分けが起こる。それが起こった時に、私たちだけが救いの一〇〇〇年至福の世へ行くことになる」……と言ったことを、今もハッキリ覚えている。

だが、二〇二〇年初期に至っても、なんらその変化の兆しは見られていない。

……ここでもピンとこなければならないことは、スピリチュアル界だろうが、日本や世界の各預言書だろうが、みんな遅延しているという共通した道理で成り立っている、ということである。

筆者の視点から言えば、これは当たり前なことであって、根源的にはすべて同根であり、根底にある出発地点が同じであることを意味しているにすぎないからだ。「自分たちだけが！」というような、そんな虫のよすぎる話があること自体ありえないことなのだが……。

黄色人種も白人種も混在しての空中携挙に溺れること自体、やはり知能に問題があると言わなければならない。言いたくはないのだが、もう味噌も糞もチャンポンにしてしまったわけの分からぬ低レベルにあるのだ。それでもまだ狂った信者は跡を絶たない。これは世界規模の現象であるけれども、日本民族が完全にゾンビ化してしまっているのは、何もアニメとか漫画オタクとかハロウィン・フェスティバルなどばかりではないのだ。ジャンルを問わず、闇の仕掛けは完膚なきまでに浸透してしまっている。だからなおさら、終焉時期が間近に押し迫っているという裏付けにもなる。何かを起こそうとする謀略を持っているから、ゾンビ化しているわけだ。

話を前に戻そう。順序から言って、世界人類の粛清時期は日本民族粛清後に起こる。なぜなら、まず日本民族を一掃してしまわなければ人類の整理がつかないからである。そのための特定されたスカラー兵器でもあるのだ。もし仮に、二〇二五年にポールシフトが発動されたとするならば、その前に日本民族粛清はいつ起こされてもおかしくない時期に今は来ていると言える。

具体的な時期は分からないとしても、必ず発動されることは間違いないだろう。何のために白人種が地球外に移動しているのか？　また、何のためにヤクザにスカラー兵器を隠匿させているのかについて考察してみてほしい。自分の視点に置き換えて考えないことだ。宗教の狂信者と同じように！　自分が否定したからといって中断はしない。地球を中心軸にして考えてはならない。地球は公転しているのだ……。

(12) 私たちの魂は、永遠不滅である

案ずるまでもなく、私たちの「魂」は永遠にして不滅である！

死んだら終わりだ！　と固執している人が読者の中にいるとしたら、この書を読む資格はないので早々に立ち去ってもらいたい。根本的に話にならないのだ。日本人といえども

真実は多民族であるから、真の日本人には該当しないのかもしれない。ただし、覚醒をもたらした人は別である。魂のレベルというものは、頭脳にレベルの差異があるごとく、魂のレベルにおいてもそれぞれ異なってくる。これについては、ＥＴエアルが指摘している。日本民族と他民族との格差は、魂次元の大差にあるのだ。何もYouTubeの反響で観られるような親の躾教育とか、日本文化のあり方などから判断されるものでは決してない。前にも述べたように、真理というものは実に厳格なるものである。

そのようなわけで、魂は永遠に存在することになる。……ＥＴエアルたちが七十兆年以上も前から活動しているように。あるいはまた、エンティティの闇の存在たちにも同様なことが言えるのだ。魂はいずれ消滅していくものでは決してない。そう信じている人がいるようだ。彼らは、単なる上空からのエンティティの配下を通して偽情報を与えられたトラップにかかっているだけの話にすぎない。偽情報というものは、単に目に見える現象だけではない。時々耳にする話だが、「宇宙の意思がそう語っているのだから間違いない！」……さて皆さんは、これをどのように解釈するか？　解釈する基軸は、己自身にどれほどのエゴがあるのか、ないのか？　が鍵となる。特に金欲に対する執着心である。

闇は、残念ながら魂までは消去することはできない。だからこそ、我々には希望がもてるのだ！　しかも永遠に……。ＥＴエアルたちの世界も、それぞれ階級制度はあるとしても、基本的に「平等主義」を謳っている。宇宙は、どうもネガティブ思考の者たちが数多く存在しているようだ。しかし、彼らドメイン軍はまさに正義である。従って、必ず救出に来る。それまでの期間はかなり長期に及ぶだろうが、それは仕方のないことだ。我々の脆弱な力ではどうすることもできない。死んだらお終いではなかったことは、非常に幸いなことであり喜ばしいことこの上ない。

いずれにせよ、地球に拘束されている限りは、短命で死を迎えなければならないという悲しい運命にある。可能なら、健康で長命でありたいと誰しもが願うだろう。

ETエアルが語るには、宇宙の誕生は少なくとも四〇〇〇兆年以上にはなるという。地球人が考える尺度とはかなりの大差である。宇宙領域は、なにやかやで争いや奴隷貿易など悪事行為で一向にパッとしない。今も数々の宇宙が創られていっているという。宇宙は、限りない膨張を創り出しているようだ。

最後に補足事項として述べておきたいことが一点ある。以下である。

輪廻転生の一論拠として…前世の記憶を覚えているという子供が、世界には必ずいる。アメリカの大学の研究者の中には、その事実を本に著している人もいる。数多くの子供たちの事実症例に基づいた本だ。従って、その記憶がない我々は、単に過去世の記憶を消されているにすぎないのだ。我々は過去の記憶を闇によって消去されているという真実を、筆者は上記によって明確にしたかったのだ。

【第十八章】最も危険人物なる一介の地球人

世界中に多くの信者を持つ、最も邪悪な人物を紹介しておきたい。

その名を、「コブラ」という。実名ではない。どんな素性なのかも本人は一切明かさない。よほど公言できない裏事情をもっているのだろう。彼は、プレアデス出身だと言ってはいるが……。こういう秘密を持った男は、極力警戒しなければならない。毒を持ったコブラの名に全くふさわしい邪悪な男である。「九人」の存在と同様、彼の実体性を見抜ける信者は少ない。だから、信者は増加の一途を辿ることになる。

もちろん、彼は闇の配下だ。この男こそ、どこの馬の骨か分からない素性の者だ。時にはわずかな真実も含めて話したり情報も流したりしているが、それは邪悪な連中が全員取る手口である。なんと言っても金に対する執着心が強い（自分では否定しているが）。彼も、善意でだまされやすい日本人信徒から多額の金を収奪しまくっている。日本の邪悪な宗教界にも顔を出しては、ヒーリング装置なるものを高額で何台も売り飛ばしている、という某宗教界からの脱会者の暴露情報もある。ほとんどの情報が、闇と同根の手口で大嘘情報を吐露しては、陽動工作を講じている。もし皆さんの中に、筆者と同様最も邪悪な貨幣制度に対して、異議を唱える精神が身についている人がいたとしたら、その人たちもコブラの内面を即座に見抜けることだろう。

彼の任務遂行も、今まで記述してきた宗教界やスピリチュアル界など、すべてが同根の世界のカテゴリーに入っていることに気付くことが重要である。大局的には、すべてが同じ穴のムジナであるのだ。だから、今なおコブラ教に入信している人々も、速やかに自己の固定観念から脱出を図って正気に戻ることを願っている。あなた自身の心の内から、金に対するコブラと同調した執着心を払拭しない限りは、そこから抜け出すことは困難だ。そうでなければ、どんなに筆者の書を何回読んだとしてもなおさらのこと、コブラ教に無駄なエネルギーが注がれていくにすぎない。

甘い言葉は、まさに罠である。罠にかかりたくないのなら、まず金の執着心から脱する自分にすることだ。コブラは強調しているではないか！「スター・シードが貧乏人であってはならない。もっと裕福になる必要がある」……というようなことを言っている。それはなぜか？　コブラ自身が、金に対する執着心が強いことを皆の前で露呈しているからだ。金銭に対する執着心がない筆者の視点からすれば、金に対する執着心がないスター・シードこそが、地球人類を覚醒化させるために高次元から降りてきた、本物の高尚なる異星人と言えよう。だがしかし、残念ながら六次元なる所に貨幣制度は存在しないのだ─そういう次元があるとすればの話だが……。

邪悪な惑星は、貨幣制度を設定することで人間をコントロールして奴隷として使役する。筆者は、あなたがたとは微塵も利害関係はない。言っておくが、スター・シードの存在とて、全くの創作物にすぎないことは言うまでもないことだ。

このようなことが真実の覚醒である。偽物の覚醒をすることが、どれほど無価値なことであるかは論をまたない。特に金の執着心から抜け出すということは、最も困難なことであろう。だからすぐにコブラの言いなりになって翻弄されてしまう。気持ちは分からないでもないが、金への執着心は、闇のエネルギーの罠に嵌った地球人であることの証左である。かなりの反論が出ることとは承知の上である。シビアでないと、そう簡単には洞察力は生じてこない。

どうかこの書を始めから読み直していただきたい。この書の背後の、霊的で精神的なものを読み取ってほしい。そうすれば、闇の実体も見えてくる。屹立した自分の純粋性だけを信じて、邁進していただきたいのである。純粋性の中に、お金などの物質は微塵も必要としない。宇宙全領域が、「共振共鳴の法則」で成り立っている。

金に執着心が強い者は、執着心が強い者と同調する。法則は、極めて簡素で単純であるのだ。

【第十九章】私たちの脳活用は、九五パーセントがジャンク扱い

(1) あなたは、何パーセントの脳を活用して判断しているだろうか

人は誰しも、自分の脳を一〇〇パーセント活用しているのではない。たかだか五～八パーセントだといわれていることは、賢明な皆さんであるからご承知だ。従って、約九五パーセントがジャンク扱いとして、物質オンリー科学者は排除している。

これも遺伝子操作で意図的に闇がそのようにしているのであるが……。だから過去の記憶も含め、九五パーセントの脳が活動不能状態にされている。まことに困ったものだが、それが現実である以上、今はどうすることもできない。

……何を言いたいのか。人間は皆、五パーセント前後の脳でものを考え、そして判断・意思決定をしているのだ。ということは、筆者がこれまでに書いてきたこの書も、あなたが読後下した判断と結論でさえ、実は自分の五パーセントの脳で判断決定をしていたこと

になる。

そうだとするならば、もしあなたが一〇パーセントの脳を活用してこの書を読んでいたとしたら、あなたが下した判断はどのように変化していくだろうか？　さらに二〇、五〇、七〇……一〇〇パーセントとしたらどうなっているだろうか？　一〇〇パーセント全開したあなたと、わずか五パーセントくらいのあなたとでは、雲泥の差があっても決しておかしくはないだろう。

さらにここで言いたいことは、再三指摘してきたように、今の自分を中心軸において物事を判断してはならないということである。中でも特に、あなたの背中に付着している金欲（拝金主義）が邪魔している。だから、今の自分がすべて正しいとは言えなくなるのだ。これは大変重要なことであると筆者は思うのである。

この書のタイトルは、『壮大なる我が天の川銀河系の超策謀！』である。我が銀河系の中には、四〇〇〇億個以上の惑星があるとされている。従って、あなたは四〇〇〇億分の一にすぎない地球に住んでいる。お金にして一円と四〇〇〇億円の違いである。相当な開きがあることは自明の理である。地球人口七七億人分の一、それがあなた自身でもある。

我が銀河系の四〇〇〇億を支配しているのが、これまでに述べてきた闇なるエンティティであるならば、たかだか一円の地球の次元とは遥かに相違することは誰にでも分かりきったことだ。

以上を鳥瞰してみた時に、おのずから物の見方は変わってくるだろう。一メートルの身長で四〇〇〇億メートルの身長は見えないのである。何を言いたいのかは、あなたなら分かるだろう。

より純粋な気持ちになって、より謙虚になっていくことは非常に大事なことである。

(2) それでも〝唯一無二の創造主〟は存在するのか

なぜこの項目を設けたのかというと、〝この書は馬鹿げていて話にならない〟と思う人が必ずいるからだ。一人として共通した考えにはならないのも、この地球の特徴とも言える。そのようになるように「分離意識の世界」としてあらかじめ操作されている。だから方々に争いは起きるのだ。究極的にそれはまさにエゴで成り立っている。そうなるように人類は創られている。

創造主は唯一であるとする無意識脳の領域に刻印された妄想が、あらゆる中での頂点の座を占めている。……そのようなことについて考察、熟慮してみてほしい。あなたの当たり前は、決してそうではなかったことに気付いてほしいのである。そうなれば、これまでの自分と今からの自分とが、全く異なったものへと自己変容していくことだろう。これまでの既成概念への執着や束縛から、自己解放（開放）していくことは極めて肝要なことである。再度上記（1）を、読み直して熟慮してほしい。

あなたが一〇〇パーセントの脳を活用できるようになった時、その時点であなた自身は、〝自分は創造主である！　私は何でも可能だ！〟という確信に至るであろう……。

【第二十章】筆者の今後のミッション

（1）筆者のカバラ数秘術は33だった

これまで述べてきたように、人類総勢が根絶やしの憂き目にあってしまったのでは元も子もない。

そしてまた、これがたとえ事実であったとしても、このアリに等しい人類がどう対処できるというのか？ これもまた、どうあがいても不可能である。では、何かしらの打つ手はあるのか？

……ないでもない……。一つだけがまだ残されている。ただし、やってみなければ結果が吉と出るかどうかは現段階ではなんとも言い難い。その対応策とは一体なんだ!?

……その前に、実は筆者は、カバラ数秘術視点からはどういうわけか33なのである。一九四七年一二月九日生まれなのだ。1＋9＋4＋7＝12＝3、1＋2＋9＝3 であるのだ。第三の目も開いている。……こんな特殊なシンクロがあるだろうか？　自分でも目を疑いたくなるくらいの特殊なシンクロである。これはまさにそうなる運命であったし、宿命でもあるから自分自身もこの事実を認めて受け入れるしかない。

ここで注意を喚起してもらいたいことがある。

「生年月日」を通じて統計するやり方は間違っている。

この方法で計算すると、数多くの該当者が生じてきて、例えば悪党の元アメリカ大統領ジュニア・ブッシュらも該当してくることになる。あるいは日本の芸能人の中にも数多くいる。要するにミソもクソも混在してきて、〝33〟という特別な数字が、何の変哲もない無価値な数字になってしまう。ある書にははっきりと著されている。「生年」と「月日」は別々に計算すべきであるとしている。従って、筆者の方式は、それを採用したものである。

話を戻すが、イエス・キリストなる**33**は、悪魔「**九人**」が仕掛けた**33**である。そんな悪に対し、善なる**33**が存在しても決して不条理ではないだろう。現に存在しているのだから。これこそが、善（光）と悪（闇）との対決である。その次元は、あまりにも高い位置に置かれている。だからこそ、決行しなければならない。その時期が到来したのだ！

因みに、ニコラ・テスラは3、6、9の数字をこよなく愛し、そして機会ある毎に、例えば宿泊ホテルのルームナンバーやその他自分に関する興味あるものには、それらの数字に拘《こだわ》って使用したというエピソードがある。そしてまたテスラは、次のような言葉を遺した。

「369という数字のもつ力さえ分かれば、宇宙への鍵を手に入れることになる。」……隠された369の正体とパワーは、まさに一体となっている「九人」であったのだ。

……筆者の、ほんの一部の鍵によって錠は開けられた。あとは皆さんがその扉の中に入って究明していってほしい。

数字の1〜8は、物質世界である。そして369が非物質次元である。それがヒントとなる。

魑魅魍魎《ちみもうりょう》が跋扈《ばっこ》する暗躍の領域であることを念頭において……。

筆者においても、生年月日が表している如く1947／12／9生まれは、3、6（33＝3＋3＝6）、9からなる。

だからと言って、自分は特別な存在であるなどとは一切思ってはいない。特殊性はあっても、特別ではないのだ。もし筆者が特別な人間なら、皆さんも特別である。闇（**九人**）

から観察した日本民族は、特別な民族であるのだ。だから、闇はそう長くは日本民族を生かしておくわけにはいかないのである。

（2）日本民族抹殺のシナリオは、二〇年以上も前から用意されていた

思えば二十数年前、ある理由があって自宅を訪問した科学者A（既述）に、筆者は次のように言った。「人類の幸福に役立つのであれば、私の肉体を犠牲にしてもらって実験に役立ててほしい！」……。

この時発したその言葉が、今日役立てる日が到来しようとは……彼はその時無言でニヤッとしながら、A3サイズの一枚の白い用紙にコピーされた、日本列島全図を筆者に手渡した。その地図を見ると、少なくとも二分の一の都道府県が黒く塗り潰されていた。何を意味するのか？　それは、都道府県単位の県民の抹殺であった。日本にもエスタブリッシュメント（中国系日本人とか古代ユダヤ系日本人ら）がいて、その支配者が言うには、〝やむを得ない〟ということのようであった。当時の地図は、今も筆者の手元にある。

その当時（一九九八年頃）から、日本民族壊滅工作はすでに始まっていたのだ。彼は、現在火星にいる。〝二〇二三年に任務は終了する〟と言っていたが、多分地球への帰還は

できないだろう。

※筆者注：科学者Aが、二〇〇七年（?）当時にYouTubeに出演している動画を数年前に観たことがある。日本国内での彼の姿としてである。しかし筆者は、彼とはすでに面識をもっていた（四人で写った写真も持っている）ので、動画に現れているその人物とは違っていたように見えた。髪型が、インドの聖人と言われた当時のサイババの髪型のようではあった（彼もそうだった）が、動画の人物の身長がどうも低いように思われた。彼の身長は、一八〇センチ近くはあったのだ。動画の人物は、そうは見えなかったが……真偽は分からない。動画に映っている人物画像が、大きくはなかったからだ。

……従って、この日本民族壊滅工作は避けられない。一般大衆とは次元が遥かに異なるところで計略遂行されているからだ。だからこそ、急がなければならない。

それが、これからの筆者のミッションとなる。それは以下だ。

（3）日本民族総粛清前に、筆者は肉体から去る

筆者の書を上梓し得る前後において、日本民族が総粛清される前に、筆者は自分の肉体から脱してドメイン基地へと瞬時に移動する。移動後、地球やその周辺、さらには我々銀河系の真実と実態を、ドメイン軍の上官に報告する。なぜそんなことが可能なのかは、ＥＴエアルの『エイリアン・インタビュー』ページ八七を以下参考に掲載する。長文だがご辛抱願う。

オーストリアの大公の肉体の中に居た時に「暗殺」された（筆者注：一九一四年当時）ドメインの士官もまた、「旧帝国」軍に捕らえられた。この特定の士官は他のほとんどのＩＳ－ＢＥと比べてとてもパワーの高いＩＳ－ＢＥであったため、火星の表面の下にある秘密の「旧帝国」基地に連れ去られた。彼らは、彼を特別な電子独房に入れて、そこに監禁した。

幸いにもこのドメインの士官は、二七年間の監禁の後、その地下基地から脱出することができた。彼は「旧帝国」の基地から脱出した時、すぐに小惑星帯にある彼の基地に戻っ

た。彼の司令官は、この士官が提供した基地の座標へ宇宙巡洋戦艦を派遣し、その基地を完全に破壊するように命令した。この「旧帝国」基地は火星の赤道から数百マイル北にあるシドニア地域に位置していた。

「旧帝国」の軍事基地は破壊されたが、残念なことにIS-BEバリアー、電気ショック／記憶喪失／催眠術装置を構築している膨大な機械のほとんどは、今現在でも未だ発見されていない他の場所で機能し続けている。この「マインド・コントロール刑務所」オペレーションの主要基地、または司令部はこれまで見つかっていない。そのためこの基地、または複数の基地の影響力はまだ効力がある。以下、割愛……。

……彼（ドメイン軍の仕官）はすでに暗殺された後に、火星からの脱出を図ったことが、筆者と根本的に異なることだ。筆者は今も存命だから……。ここで特筆すべきは、彼はすでに殺された後の魂の段階で脱出できたことだ。これはすごいパワーである。

（4）ドメイン軍と闇との、見えない宇宙戦争

今日の世界動向からして、もはや時間的猶予は一刻もないので、筆者は瞬時にドメイン

基地へと移動して、地球人類に対する救援体制を取るべく、闇との戦闘準備態勢に取り掛かってもらう。即出動だ！

これは宇宙戦争であるから、皆さんがこのニュースを耳にすることはできない。メディアは闇のコントロール下にある。その間皆さんは、普段通りの生活ができることを意味している（闇のエネルギーで席巻されていることに違いはないが）。戦闘がいつ終焉するのかは、ドメイン軍にも分からない。何千年になるのか、何万年になるのかも分からない。

最終的には、ドメイン軍の勝利に終わるとしても……。今後どのような展開になるのかは、筆者次第であろうか？　彼らの宇宙戦争とて、もちろん物理的戦争である。

（5）日本民族は、真の覚醒を果たすべく重責を担う

読者の皆様、ここまでの長いお付き合い誠にありがとうございました。本書は、俄かには信じられないことが山ほどあったことでしょう。十人十色で、それぞれの方々の想いに違いがあることは、重々承知しております。今の自分に満足している方々からすれば、多分この書は馬鹿げていると思うでしょう。あなたが今そう思っているのなら、それはそれであなたが一番正しいと言えます。しかし、すべての読者があなたと同じ信念体系をもっ

ているわけではありません。人間の能力にも各人相違があるごとく、霊的能力にも差異があります。もし仮に、霊的能力に差異がなかったとしたら、例えばサード・アイが開眼している者や闇の連中に対してどう説明すればよいのでしょうか。地球上には数多の書があります。その中に、一冊くらいこんな書があっても良いのではないでしょうか？

もしあなたが、行き詰まった今の信念体系をなんとか打破して前進させたいのだが、どうしたらよいのか分らない？ ……と苦慮しているのなら、どうかこの書を何回となくお読みになってください。そのためには、この書に対して否定、批判しながらお読みいただくことが重要となります。軽率に鵜呑みにしてはいけません。例えば、今のあなたにとって「創造主は唯一無二！」であることが当たり前であります。しかし筆者の書は、あなたのその観念や概念を根底から覆す、実は「自分自身が創造主である！」と述べています。人類にとって最大の命題はまずここにあります。しかし考えてもみてください。この書の中でも触れているように、そんなあなた自身、何パーセントの脳を使ってそう判断しているのでしょうか？ もしあなたが、百パーセントの脳で考え、判定を下しているのなら、それはまさに真理や悟りというべきでしょう。……これが最も重要なことであります。だからと言って、皆さんと同じく筆者自身も、数パーセントの脳しか使えません。しかし、皆さんとは一つだけ違いがあります。それは、サード・アイの開眼です。賢明なる皆さんならご存知だと思いますが、この開眼は、洞察力が鋭敏になることです。皆さんとの違いはそれだけですが、これは大変大きな違いになります。銀河系視点の展開からなる陰謀の暴露でありますから、大きな違いと言えるでしょう。筆者は、自分を偉そうに思っているわけでは決してありません。むしろこの地球で生きていくことはとても苦しいものです。長く勉強しておりますと、闇のエネルギーで満ち溢れたこの地球は、耐え難いことでありますす。闇によって仕掛けられている極めてネガティブな惑星ですから、それをイヤというほど認識している筆者にとりましては、極めて苦痛としかいいようがありません。何せ、コミュニケーションできる仲間は一人としていないのですから……。他人との交流が一切ない筆者の頭は、柔軟性のない硬直した状態になっています。筆者も、両親から受け継いだDNAを持っていますから、決してエゴがないわけではありません。そんな肉体とは別に、魂のレベルがあります。魂のレベルも進化の度合いがありますから、筆者は肉体と精神の視点でこの書を書き著した部分もあるでしょう。でも多くは、魂のレベルで書き綴ったものであります。肉体と魂は常に同居していますので、すべてが正しいとは決して言えないでしょうが……。

話を戻して本題に入ります。

日本民族は、地球上唯一のかけがえのない民族です。これは筆者の主観ではありません。

とにかくそうなのです。闇の連中が、どれほど日本民族の存在を古代から特別に注視してきたことか……。このことを闇がポジティブに捉えてくれればよいのですが、決してそうではなく、彼らの嫉妬心と霊的劣等感から、日本人に対してやる事なす事すべてが、潰すことしか頭にありません。具体的な工作でそれを実行しているのが、闇の配下の肉体をもった悪党共であります。地球上には数多くの民族が生活していますが、どうしてこうも日本民族だけが潰されなければならないのか？　本当に残念でなりません。この地球に、日本民族は存在していてはならないのですから……。

多分ですが、闇は脳を百パーセント活用していることでしょう。しかし、それはあくまでも物質脳になりますから、魂としての霊的レベルとは別問題になります。闇が、どんなにすぐれた頭脳明晰であったとしても、霊的レベルはまったく別次元にあることを、闇自身が知っているに違いありません。そう思わない限り、彼らの精神があまりにも異常すぎるその論理が理解できなくなります。あなたは、どう思いますか？　……。

今後、日本民族が為すべき重要な課題は、以上のようなことに対して覚醒していくことであるといえます。それが唯一残された私たちの行動となります。本来の行動は、肉体を伴って何らかの事を起こすことになるでしょうが、日本民族の行動は、「覚醒する」ことが行動であると位置付けたいと思います。皆さん！　どうか一人でも多くの方々が真の覚醒を果たされることを祈願いたしております。魂は、何が真理で真実なのかを知っておりますので、必ずや叡智となって魂の中に刻印されることでしょう。

ＥＴエアルは、以上のことを心底願っているのです。それが唯一の行動であることも言っています。ありがとうございました。

終わりに

機は熟しつつある。いつなんどき異変が勃発してもおかしくない状況にきている。まさに、一触即発状態と言える。

これまでに展開してきたように、我が地球という惑星は、陰謀渦巻く惑星である。何千年経とうが何万年過ぎようが、人類は潜在意識の中で恐怖におののきながら、今日一日の食料を求めて苦悩し続けている。世界全体が穏やかになる気配は一向に見られない。貧富の差は、日増しに激しくなる一方である。

それどころか、邪悪なエネルギーが席巻する、究極の世界へといよいよ突入してしまった。

これはどう考えてもおかしな現象である。一体誰が、遥か古代からそうさせているのか？

地球の邪悪な人間たちなのか？……人類が活用し得る脳の範囲は、たかだか五〜八パーセントにすぎない。寿命さえ取るに足りないというのに……。ならばその程度の人類が、古代より長期にわたって人類を不幸たらしめるマジックでも、してきたとでもいうのか？
古代の哲学者の書物を紐解く時、超偉大とされるプラトンなどが展開している書を読んでも、地球上の視点どころか、自分らの身近な生活空間や目先の活動範囲内で生じた出来事を、単に巧みな話法でもって展開しているにすぎない。その中には、架空の主人公であるソクラテスを引き合いに出しての弁明法もある。……偉大とされる哲学者らの脳の活用範囲でさえ、その程度にすぎぬ。この程度のわずかな脳の使用で、果たして地球の歴史をつくり上げていくことが可能なのか？　否、決してそうではない。不可能だ！　それこそ神か、はたまた創造主という次元の存在を引き合いにして持ち出さなければ、我々には考えられないことである。

……そう、地球歴史を紐解く鍵は、まさに唯一的存在とする、創造主の存在にあったのだ。

だからこそ、人類創世以来、地球や人類誕生の発端や内容を、『旧約聖書』と『新約聖書』に認《したた》めてきたのだ。改ざんしていくことで……。その聖書の中の主人公は、時の流れに沿った人間たちでは決してない。その主人公こそ、創造主であったのだ。だが、果たしてその創造主なるものは、善なるものか悪なるものなのか？　……前述したように、人類誕生以来今日に至ってさえも、人類は不幸のどん底に陥っているという始末。例えば、人類発生期当初、人は楽園にも似た生活を送っていたとしよう。しかし、これまでの人々の宗教間対立による戦争・殺戮の歴史や現在の地球上の動向を考察したときに、この現状をどう解釈すればよいのか？

現代も含めたこれまでの地球歴史を善と唱える者がいたとすれば、彼らこそ富裕層である。彼らは、全人類のほんの一部にすぎないからだ。ほとんどの人類は喘《あえ》ぎ苦しんできた。今なお！　である。ならば、決してこの現象が善とは言えないだろう。まさに邪悪としか考えられないのだ。要するに、「我は創造主」と称してきた存在そのものが善なる存在か、はたまた悪なる存在であるかどうかを、ここでは問うているのだ。

我々人類が、川面の流れのごとく生きてきたこれまでの醜い歴史を考察した時に、どう熟慮したとしても、それは苦悩と呼ぶにふさわしい歴史構築であったことに違いはない。

再度問おう……創造主は、善か？　それとも悪か？　……よほどの幻覚症状者でない限りは、創造主は悪と結論づけるだろう。我々は良心的な心をもっている。我々は性善説立場の人間である。

以上のような展開からもご理解いただけるように、これが神や創造主の実態（実体）であったわけである。そんな創造主は、肉体を伴っているわけではないことは、誰一人として疑念を挟む者などいない！

そう、肉体を持たない目に見えないエンティティの存在である。

……もうお分かりであろう！　筆者が著したこの書は、肉体を持たない自分らを唯一無二の創造主として人類を永遠にだまし込んでいる存在、エンティティを解明するものであったのだ！　彼らは極めて邪悪な創造主である。我々全人類の今の脳活用範囲が一〇〇パーセントに開放（解放）された時、その時こそ人類は次のように断言するだろう。

「私は神であり、創造主なのだ！」……と。


文芸社の方々には本当にお世話になりました。筆者の初原稿を送ったのが昨年の一二月。その時受け入れていただいた方が、出版企画部リーダーの青山泰之氏であった。小生の原稿は審査にかけられ、講評も得られた。プロによるシビアな審査結果であった。

その後、筆者の都合で再三再四書き直しをしてきた。ワープロ文章ではあるが慣れないパソコンでの作業であり、手の指先が痺れた状態であるから、若い時分とは異なりスムーズに事を成す状態にはいかなかった。それでも青山氏はいつも快く、なんでも受け入れてくださった。筆者は彼に対して相当梃子摺《てこず》らせたことであろう。これが最後の原稿提出であるとしながらも、またまた書く想いが強くなる。次から次へと新しいＵＳＢを送りつけることになる。それほど、氏にはご迷惑をおかけしてきたのだった。拙書は処女出版であるから、まさか審査にパスするとは思ってもいなかった。ポジティブな講評（好評）を得られるとも考えていなかった。氏には、この場をお借りして心からの感謝を申し上げておきたい。

次に編集部へと移り、ベテラン主任の宮田敦是氏へと移行した。彼の第一声は、「陰謀論ジャンル大好き！」であった。後に、彼のお褒めの言葉もいただだいた。稚拙な用語が多々あることから、かなり多くの箇所を修正していただき、非常に勉強になった。

……世界中をパンデミックに陥らせているコロナウイルスの情報は、日々恐怖感を与え続けている。これも、あらかじめ設定されている計略の一環であることは見抜いているとしても、ジワジワと押し寄せてくる世界大戦の勃発化が目前に迫ってくると、筆者は再度情報を追記せざるを得ない強い心境に迫られ、事態の推移と共に再度新ＵＳＢを送り付けるのだった。それでも宮田氏は、快く受け入れていただき、それのみならず、〝最上の本に仕上げていきたい〟とまでも言われた。筆者の書は、世人がすんなりと受け入れる巷の陰謀論とは次元が離れているため、拒絶者続出で当然であるとさえ思っている。

そんな異質で異様な書を、全エネルギーを傾注していただいた宮田氏に対しても、深謝の念を抱かざるを得ない。筆者として、この世に上梓できたことは、何にもまして最大の喜びであり、両氏のお力添えなくしては、まったく不可能であった。本当にありがとうございました！

執筆中に、この拙書を看破し得る最愛の妻が、突如現世から離れて旅立って行ったという予想外のハプニングは、筆者のこれまでのエネルギーを消耗させてあまりあるものだった。そんな負のエネルギーを背負いながら原稿を進めていくことの苦悩も、邪悪な闇の実体暴露執筆作業を正のエネルギーに転化しつつ、自己の生来の使命を可能ならしめたものであった。最愛の妻にも、心からの感謝を表しておきたい。

そして最後に、文芸社全スタッフの方々に対しましても、心よりの感謝を申し上げます。

……以上のような筆者の想いが決して濁流に呑み込まれないように、どうか全世界の方々の心温まるご支援のほどよろしくお願い申し上げます。それでは、行ってきます。応援してください！

高潔な日本民族の方々をはじめ全人類を、心から愛しています!!

《真理のうたげ》

●真の魂の進化の頂きは、IS-BEたるものの霊的中庸にある。だが、その道は険しい。
●不死のスピリチュアルな存在の最たる好物は、〝意識〟であり、結果、〝思考と意思、そしてエネルギー〟を排す。
●〝不死のスピリチュアルな存在〟、それは本質的で根源的な自己自身である。
●霊的自己のアイデンティティー確立は、悟りへの道程へと誘《いざな》う。
●霊的アイデンティティーの確立は、純粋性が根底になくてはならない。そのためには、まず意識からスタートして意思へと通じ、結果、行動へと導く。だが、その道程は険しくて永い。エネルギーは、何をするにも全工程に注がれる。
●悟りとは、現実世界への回帰である。
●時空間のない世界、それは、いつでも辿り着ける〝安息への回帰〟である。
●現実、それは永遠という特権が与えられた〝今〟の中の道案内役である。
●人は、宗教の中で歩けぬロボットと化す。
●人は、八方塞がりの中であらゆる幻想を夢見ては、それを現実と捉える。

●人は、壁で囲いを嵌められた時、人の中に幻想が生まれ、その幻想は、肉が幻の身になっても憑依して行動を共にして歩く。
●人は、若かりし時は永遠と捉え、老いたれば戦《おのの》きと悲壮で打ちひしがれる。
●幻想、それは現実と見せかけた道化者である。
●時間と空間、それは物質（物体）と同根である。その時、不死のスピリチュアルな存在は幕を閉じ、見ザル、言わザル、聞かザルの出番となる。
●監獄、それは不死のスピリチュアルな存在の幽閉であり、生きた死の宣告を告げられる。
●洗脳、それは現実から妄想へと化し、昏睡状態を持続させる首のない妖怪である。
●人は進化していくものではない。どの道を選びたいのかの選択肢を決定する自由意思にある。一つは、肉体を維持した生き方を選ぶ。もう一つは、肉体を卒業して宇宙領域の奉仕活動に専念した生き方を選ぶ。どちらを選ぶにせよ、内在するものは、自己の自由意思決定にある。

【参考資料】

書籍

・『エイリアン・インタビュー』（ローレンス・R・スペンサー編集／有馬知志訳）
・『ラー文書「一なるものの法則」』第一巻（ドン・エルキンズ、カーラ・L・ルカート、ジェームズ・マッカーティ著／紫上はとる訳／ナチュラルスピリット）
・『火星＋エジプト文明の建造者「9神《ザ・ナイン》」との接触《コンタクト》』（リン・ピクネット＆クライブ・プリンス著／林陽訳／徳間書店）
・『モントークプロジェクト：謎のタイム・ワープ』（プレストン・ニコルズ＋ピーター・ムーン著／並木伸一郎編著・訳／学研プラス）
・『タイム・アドベンチャー：モントークプロジェクト2』（プレトン・ニコルス＋ピーター・ムーン著／並木伸一郎編訳／学研）一九九五年
・『ソクラテスの弁明／クリトン』（プラトン著／久保勉訳／岩波書店）
・『饗宴』（プラトン著／森進一訳／新潮社）
・『ソクラテス』（田中美知太郎著／岩波書店）

・『Wing Makers（ウィングメーカー）』（Wing Makers LLC著／Shima訳／大野百合子監修／VOICE）
・『聖書』（新改訳／日本聖書刊行会）
・『聖書外典偽典5／旧約偽典Ⅲ』（後藤光一郎、日本聖書学研究所著／教文館）
・『聖書―新世界訳／日本語訳』（ものみの塔聖書冊子協会）
・『失われた福音書―Q資料と新しいイエス像』（バートン・L・マック著／秦剛平訳／青土社）
・『300人委員会』（ジョン・コールマン著／太田龍監訳／KKベストセラーズ）
・『明治維新の極秘計画』（落合莞爾著／成甲書房）
・『欧州王家となった南朝皇統』（落合莞爾著／成甲書房）
・『明治天皇〝すり替え〟説の真相』（落合莞爾×斉藤充功著／学研プラス）
・『天皇とワンワールド』（落合莞爾著／成甲書房）
・『天皇のロザリオ（上下）』（鬼塚英昭著／成甲書房）
・『日本の本当の黒幕（上下）』（鬼塚英昭著／成甲書房）
・『日本のいちばん醜い日』（鬼塚英昭著／成甲書房）
・『天皇の金塊とヒロシマ原爆』（高橋五郎著／学習研究社）

【参考資料】

・『ロスチャイルドの密謀』（ジョン・コールマン×太田龍著／成甲書房）
・『大いなる秘密（上）爬虫類人』（デーヴィッド・アイク著／太田龍監訳／三交社）
・『大いなる秘密（下）世界超黒幕』（デーヴィッド・アイク著／太田龍監訳／三交社）
・『竜であり蛇であるわれらが神々（上）』（デーヴィッド・アイク著／安永絹江訳／徳間書店）
・『竜であり蛇であるわれらが神々（下）』（デーヴィッド・アイク著／安永絹江訳／徳間書店）
・『山本五十六は生きていた』（ヤコブ・モルガン著／忍野昭太郎訳／第一企画出版）
・『暴かれた〔9・11疑惑〕の真相』（ベンジャミン・フルフォード著／扶桑社）
他多数

著者プロフィール

藤本 昇士（ふじもと しょうじ）

●1947年12月9日生。
●14歳（中2）時の知能テスト：精神年齢27歳10ヶ月、IQ180。
●1993年、第三の眼が開く。

—経歴—

21歳で真理の探究に目覚める。大学卒業後、証券会社や公務員として就職するも長続きせず途中退職。

その後多数の転職を繰り返しながら、今日の年金生活に至る。

「役立たずの無駄飯食い」の一人として、世間から見放された社会生活を堪能している。

70歳にして、自己のアイデンティティを確立する。

……そんな役立たずの「精神的ホームレス」人間が、果たして「王子」様へと突然変異を起すことになるのか？

それは、アナタ次第……。


壮大なる我が天の川銀河系の超策謀！

ロズウェルＵＦＯ墜落事件に伴うＥＴ文書『エイリアン・インタビュー』を通して真相を暴く！『ラー文書』のラーは、全人類に大嘘をついている架空のルシファー　日本民族と世界の人類は、まもなく根絶やしにされる！

2020年10月15日　初版第1刷発行

著　者　藤本 昇士
発行者　瓜谷 綱延
発行所　株式会社文芸社
〒160-0022　東京都新宿区新宿1－10－1
電話　03-5369-3060（代表）
03-5369-2299（販売）

印刷所　株式会社フクイン

ISBN978-4-286-22004-8